牡丹村志

LOCAL RECORDS OF MUDAN

重庆市垫江县太平镇牡丹村志编纂委员会　编

图书在版编目（CIP）数据

牡丹村志 / 重庆市垫江县太平镇牡丹村志编纂委员会编. -- 北京：方志出版社，2019.12

（中国名村志丛书）

ISBN 978-7-5144-4018-8

Ⅰ. ①牡…　Ⅱ. ①重…　Ⅲ. ①村史—垫江县　Ⅳ. ① K297.195

中国版本图书馆 CIP 数据核字（2019）第 273842 号

· 中国名村志丛书 ·

牡丹村志

编　　者：重庆市垫江县太平镇牡丹村志编纂委员会
责任编辑：丛　珺

出 版 者：方志出版社
地址　北京市朝阳区潘家园东里 9 号（国家方志馆 4 层）
邮编　100021
网址　http：//www.fzph.org
发　　行：方志出版社图书经销中心
电话　（010）67110500
经　　销：各地新华书店
排　　版：北京纺印图文设计制作有限公司
印　　刷：北京中科印刷有限公司

开　　本：787 × 1092　　1/16
印　　张：13.5
字　　数：236 千字
版　　次：2019 年 12 月第 1 版　　2019 年 12 月第 1 次印刷

ISBN 978-7-5144-4018-8　　**定价**：108.00 元

◉ 序一

中共十九大报告明确提出："坚定文化自信，推动社会主义文化繁荣兴盛。""没有高度的文化自信，没有文化的繁荣兴盛，就没有中华民族伟大复兴。要坚持中国特色社会主义文化发展道路，激发全民族文化创新创造活力，建设社会主义文化强国。"编修地方志是中华民族千百年来的固有传统，留下了浩如烟海的历史文献，承担着传承中华文明、发掘历史智慧的重任，发挥着存史、育人、资政的作用。

在习近平新时代中国特色社会主义思想指引下，在增强文化自信、推动传统文化创造性转化、创新性发展背景下，全国地方志事业迎来了开拓创新与转型升级的重要机遇期。中国地方志指导小组及其办公室组织实施的中国名村志文化工程，用中国独有的文化载体——地方志，来记录乡村的"名"和"特"，记录乡村全面建成小康社会的进程和取得的成就，是地方志围绕以人民为中心开拓创新的具体举措，是传承乡土文化、坚定文化自信、加快建设社会主义文化强国的内在要求，是服务乡村振兴战略、加快全面建成小康社会、推进社会主义现代化建设、实现中华民族伟大复兴中国梦的应有之义。

实施中国名村志文化工程，是方志人贯彻落实习近平总书记"农村要留得住绿水青山，系得住乡愁"重要讲话精神的重要举措。"望得见山、看得见水、记得住乡愁……"习近平总书记用诗意的语言为中国的新农村建设指明了方向。开展新农村建设、美丽乡村建设，一定要把绿水青山保留下来，尽可能在原有村庄形态上改善农民生活条件，不盲目拆旧，也不盲目造新，让家乡的每一条河、每一棵树、每一口井，都能永远成为我们的乡愁。这是我们弘扬传统、面向未来的底气所在。那么，如何留住乡音、乡风、乡思，继承传统文化菁华，挖掘历史智慧，成为极其重要的工作。实施中国名村志文化工程，保护抢救、传承保存、开发利用宝贵的村落文化，重新唤起人们记忆中古老村落的青山绿水、小河大树、轶事掌故，打造完整记录乡村发展嬗变和现代化农村经济社会运行模式的系列中国名村志丛书，让乡土文化回归并为困惑的当代人提供精神家园，让农耕文化的优秀菁华成为建构农村文明的底色，无疑具有重要的现实意义和深远的历史意义。

实施中国名村志文化工程，是方志人贯彻落实党中央乡村振兴战略的鲜活实践。中共十八大以来，以习近平同志为核心的党中央高度重视农业、农村、农民工作，提出了许多新理念、新思想、新战略，特别是中共十九大报告作出实施乡村振兴战略的重大部署。2018 年 9 月 26 日，中共中央、国务院印发《乡村振兴战略规划（2018—2022 年）》，明确提出“鼓励乡村史志修编”。深入推进中国名村志文化工程，有利于全面翔实记录乡村振兴进程，客观记载地理环境、历史沿革、姓氏源流、人口、民族、方言、民居、宗祠、风俗习惯、家谱族谱、家规族规、宗教信仰、文物遗址、掌故传说、历史事件、人物等，完整保留乡土文化的原貌。所有这些工作，可以为延伸地方志工作触角，充分发挥志书存史、育人、资政功能提供借鉴；可以为社会各界和华人华侨、港澳台同胞寻根问祖、反哺桑梓、泽被乡里提供帮助。依托中国名村志文化工程的重要平台与载体，乡村振兴战略下的现代乡村将进一步挖掘自身独特内涵，彰显其新时代的作用及意义。

中国名村志文化工程从新时代中国特色社会主义的新需求出发，创新体例，立足实际，内容既严谨又通俗，展示了不同地区自然和社会风貌，在坚持志体基础上运用专题报告、回忆录、人物访谈、新闻资料等多种手法，重点介绍农村地区在转型发展方面的探索、示范、引领意义，对于不断提高地方志事业围绕中心服务大局的能力，为乡村改革发展贡献历史智慧，讲好中国故事，彰显中国软实力，增强“四个自信”等方面具有积极意义。

两年来，在借鉴中国名镇志丛书及各地乡镇（村）志宝贵编纂经验的基础上，中国名村志丛书编修不断取得丰硕成果，产生了良好的社会效益，新一批中国名村志的申报数量、覆盖范围延续强劲增长态势，充分体现出强大的内生动力。下一步，要总结经验、把握规律，为服务国家城镇化建设和乡村振兴战略打造更多优秀文明成果，推动中华优秀传统文化创造性转化和创新性发展，从中提炼出适合新时代、新形势、新变化、新要求的文化精髓，展现中国方志的当代价值和世界意义。

是为序。

中国社会科学院院长
中国地方志指导小组组长　谢伏瞻

◉序二

连绵不断地编修地方志是中国独有的优秀文化传统，承担着赓续文明、传承文化的重任。保存至今的8000余种、10万余卷历代方志，蕴含着传统文化基因和海量文化信息，既是中华优秀传统文化的重要组成部分，又是传承、彰显中华优秀传统文化的重要载体。

在各种类型的地方志编纂中，村志编纂古已有之，但从未进入国家层面的地方志编纂序列。新中国成立以来，党中央、国务院高度重视包括村志编纂在内的地方志工作，出台了重要文件。中央领导发表了重要讲话、作出了重要批示。习近平总书记高度重视包括村志编纂在内的地方志工作。2004年10月，他在担任浙江省委书记时到江山市凤林镇白沙村考察，看到村民编纂的《白沙村志》，鼓励村民把村志继续编纂下去。2014年4月，刘延东副总理在与第五次全国地方志工作会议部分会议代表座谈时指出："要结合发展的新形势，加强对地方志包括部门志、行业志、专题志、乡镇村志编纂的业务指导和服务。"2015年8月，国务院办公厅印发的《全国地方志事业发展规划纲要（2015—2020年）》，正式将中国名村志文化工程列为主要任务之一。2017年5月，中共中央办公厅、国务院办公厅印发的《国家"十三五"时期文化发展改革规划纲要》指出："完成省、市、县三级地方志书出版工作。开展旧志整理和部分有条件的镇志、村志编纂。"可以说，村志编纂迎来了历史上的最好时期。

农业、农村、农民"三农"问题，是数千年来影响中国社会发展最核心的问题。中共中央高度重视"三农"工作，从2004年起，连续13年，每年的中央1号文件都聚焦"三农"。中共十九大报告更是提出"农业农村农民问题是关系国计民生的根本性问题，必须始终把解决好'三农'问题作为全党工作重中之重"，特别是提出了"乡村振兴战略"，这是中国共产党在中国特色社会主义进入新时代后，对农村发展问题所做出的准确把握和与时俱进的战略应对，是建设中国特色社会主义强国战略的重要组成部分。改革开放近40年来，在党中央、国务院高度重视社会主义新农村建设的新形势下，各地涌现出一大批历史文化名村、经济强村、新农村建设示范（试点）村、美丽乡村和特色村，成为先进生产力和先进文化的代表。客观记录中国农村全面建成小康社会的进程，向后人展示在中国共产党领导下农村千年未有的巨变，是地方志工作者肩负的光荣而重大的历史使命。编纂中国名村志丛书，是记载当代中国农村发展变革的重要途径。

文化寻根，寻的是其发展的源头和根基。村落是中国传统文化的根基所在。农村的生产生活方式、社会规范、宗族文化、宗教文化、民风习俗、传统节日、民间艺术等，无不镌刻着中国人独特的民族性格，这就是家国情怀、文脉绵延、精神归属。在快速城镇化进程的冲击和开发性破坏下，大量传统村落面临消亡的危机，村落蕴含的历史文化信息也流失殆尽，抢救性保护刻不容缓。编纂中国名村志丛书，是保存村落历史文化信息，抢救、保护村落文化最好的方式。

一方水土养一方人。家乡的山水草木、村间小巷、乡俗民情会在每个人心头留下深刻的烙印，这就是故土情结。而村落的形成与发展离不开人的活动。编纂中国名村志丛书，通过记述村落建筑、名门望族来追溯村落的历史；通过记述村落规模、布局、人口、物产等反映人口来源、宗族兴衰、生活习惯、文化背景、宗教信仰、经济发展等，体现环境与人相互影响、相互作用、相互发展的既矛盾又统一的关系；通过记述戏剧、音乐、舞蹈、美术、文学、手工技艺等文化形式，展示百姓在长期的生产生活实践中摸索和总结出的智慧结晶，强化人们沟通感情的纽带。编纂中国名村志丛书，是传承乡俗、诉说乡音、记住乡愁、纾解乡思，激活历史传统、唤起共同文化记忆、塑造共同心灵认同的重要文化工程。

中国名村志文化工程以践行文化自信、传承中华文脉、彰显时代发展为己任，以打造全国地方志系统的重要品牌为目标，在体裁运用、篇目设置、资料选择等方面进行大量的创新，突出“名”和“特”，拣选各个名村中最值得记述、最具有代表性的人、事、物，予以浓墨重彩的描画，从而形成系列的、高质量的、可读性强、雅俗共赏的地方志读本，让地方志紧接地气、贴近百姓，让地方志成果进入寻常百姓家，让人民群众共享地方志成果，让越来越多的人从地方志中感知传统、历史和记忆，成为传统村落和传统文化的守护者，成为中华优秀文化的传承者。

是为序。

中国社会科学院原院长
中国地方志指导小组原组长　王伟光

◉ 序三

习近平总书记指出："让居民望得见山，看得见水，记得住乡愁。"这句富有诗意的重要论述不仅唤醒了中国人城镇化建设过程中对于人和自然关系、人和历史关系的思考，同时也引发了学界对"乡愁"进一步进行文化意义解读的兴趣。从本质上看，乡愁是一种源自主体体验的情感，隐含了一种人们带着乡愁追寻自我生存与生命意义、追寻诗意栖居的精神家园的美学思辨。同时，这种追寻自我生存的主体逐渐转向大众群体，乡愁也由传统单一的"文化乡愁""爱国情怀"演变为对于"理想家园"的精神追求。

中国有近 60 万个村庄，约有 5000 个古村落，被住房城乡建设部和国家文物局界定的传统村落就有 1561 个。随着中国城镇化步伐的加快，乡村的版图日渐凋敝，大批农村青壮年劳动力走进城镇，融入了新的生活。然而，每逢传统佳节，那种挥之不去的离愁别绪挟裹着亿万农民工，又融入了返乡的滚滚洪流。这是乡愁的情愫牵动着他们，是故乡的山、故乡的水、故乡的老屋、故乡的小吃在牵动着他们，是故乡家家户户的楹联和口口相传的故事，以及只有在隆重的传统佳节才有的古老的民风习俗在牵动着他们。

文化可以体现一个民族、一个国家、一个社会的重量与体温，这是文化的力量之所在，而村落是传统中国的根脉所系，乡土社会是最能够体现中国传统文化特征的地方。梁漱溟曾指出："中国文化是以乡村为本，以乡村为重，所以中国文化的根就是乡村。"我曾在《建设社会主义新农村的理论与实践》一书中指出，在新农村建设的过程中，必须"保护和发展有地方和民族特色的优秀传统文化，创新农村文化生活的载体和手段，满足农民群众多层次、多方面的精神文化需求"，而编纂村志尤其是实施中国名村志文化工程就是一个重要举措。实施中国名村志文化工程，编纂中国名村志丛书，以最基层的村落为研究对象，寻根传统村落的历史，梳理村落的发展脉络，以唤起人们的归属感和认同感，探索新型城镇化和社会主义新农村建设过程中，如何留住乡音、乡风、乡思，继承传统文化精华，挖掘丰富历史智慧，是贯彻落实中央城镇化工作会议精神和中共十九大提出的“乡村振兴战略”的重要举措，是当前和今后一个时期全国地方志工作者的重要工作。

虽然村落文化正在日益远离当下生活，但我们可以抓住诸如基本村情、文物胜迹、古村保护、特色文化、旅游名胜、村域经济、风土民情、村民生活、新农村建设、艺文杂记、名人与名村等关键内容，通过志书的手法来诠释乡村文化的精华。我们如实记录着村落里的人和事，以及青山绿水、小河大树、袅袅炊烟，力争以最完整、最原真的方式呈现村落的前世今生。我们要为“迷失”的人留住乡村文化的根脉，让人们难以割舍的乡愁得以慰藉和释放。

中国名村志文化工程将触角伸向那些极具代表性的村落，它们有的历史悠久、名人辈出，有的经济腾飞、重获新生，有的风景秀丽、景观独特，有的地处边陲、神秘莫测……我们挖掘中国不同类型村落的发展之路，为探索新型城镇化和社会主义新农村建设的发展经验、发展模式、前进道路提供历史智慧和现实借鉴。因此，打造以重在表现乡村嬗变为主旨的中国名村志丛书十分必要和迫切，这是一项功在当代、利在千秋的文化工程。

近年来，随着中国经济社会的发展和国际地位的提高，越来越多的人想要认识中国、了解中国、研究中国。在这样的形势下，乡村是不可或缺的一环，我们要集中讲好发生在乡村的故事，向世界呈现一个多元的、立体的中国。乡村历经岁月变迁的风雨，见证着改革开放的步伐，寄托着数代中国人的情感。发生在乡村的故事无疑是血肉丰满的、震撼人心的、引起共鸣的。我们应该有这个自信能够讲好乡村故事，讲好中国故事，描绘出中国的底色，“让每一个中国人都能在地方志中找到自己的位置”。

可喜的是，越来越多的有识之士认识到了这一点，加入到保护、传承、发展村落文化的队伍中来。仅就编纂中国名村志丛书来看，第一批的申报范围就涵盖包括香港特别行政区在内的 32 个地区，申报数量高达 70 余部。“直笔著信史，彰善引风气，为当代提供资政辅治之参考，为后世留下堪存堪鉴之记述”，这是我们的初心和使命。希望中国名村志文化工程的实施，能够带动更多的人关注中国乡村文化，为社会主义文化强国建设作出更大的贡献。也希望越来越多的名村都来融入继承中华文化传统、颂扬中华传统文化的活动中，让正能量更多地润泽温暖人们的心灵，让更多的人“记得住乡愁”！

是为序。

中国社会科学院原副院长
中国地方志指导小组原常务副组长

◉中国名村志文化工程专家委员会

名 誉 主 任　徐匡迪

主　　　任　谢伏瞻

常务副主任　高　翔

委　　　员（按姓氏笔画排序）

毛其智　叶裕民　李　铁　李善同

杨保军　柳　拯　倪鹏飞　魏后凯

◉中国名村志文化工程学术委员会

主　　　任　高　翔

常务副主任　冀祥德

副　主　任　邱新立

委　　　员（按姓氏笔画排序）

于伟平　王　晖　王铁鹏　巴兆祥

田　嘉　苏炎灶　李　江　李孝聪

张大伟　张英聘　陈泽泓　陈　强

黄晓勇

◉ 重庆市垫江县太平镇牡丹村志编纂委员会

主　任　苏　灿

副主任　郭云权　鞠　彬　洪世新

委　员　张光华　贺　鹏　周正波　程思雨

梁国平

◉ 重庆市垫江县太平镇牡丹村志编纂人员

主　编　郭云权

副主编　张光华

总　纂　蒋德明

编　辑　梁　欢　李克忠　周正波　郭海斌

图　片　许秋生

山水牡丹颂太平（2017年）

◉ 中国名村志丛书凡例

一、以马克思列宁主义、毛泽东思想、邓小平理论、“三个代表”重要思想、科学发展观、习近平新时代中国特色社会主义思想为指导，坚持辩证唯物主义和历史唯物主义的立场、观点和方法，存真求实，全面、客观、系统记述中国名村村落发展变化进程和改革开放成果，传承和抢救乡土历史文化，激发爱国爱乡情怀，留住乡愁，为探索中国特色新型城镇化建设、服务乡村振兴战略提供历史智慧和现实借鉴。

二、为全面反映入志事物发展脉络，各志上限尽量追溯至事物发端，下限一般断至各村志启动编修年份，个别重大事项可延至搁笔。详今明古，着重反映时代特色和地方特点，重点体现各村的“名”与“特”。

三、记述地域范围以下限年份的行政辖区为主。为体现名村在更大区域内的意义，可以从更开阔的区域视野记述与该村相关的内容。

四、统一采用纲目体，设类目、分目、条目三个层次。横排门类，纵述史实，述而不论。

五、综合运用述、记、志、传、图、表、录等各种体裁，以志体为主。体裁运用适当创新，篇目设置不求面面俱到，一般意义上的村级内容略去不载。

六、除引用文字和附录文献资料外，统一使用规范的现代语体文记述，行文力求朴实、严谨、简洁、流畅、优美，具有较强可读性。

七、人物部类遵循“生不立传”原则，人物传主按生年排序，只选录对本村发展有重大影响的人物，不面面俱到。

八、各项数据一般采用国家统计部门数据。数据缺乏的，采用主管部门或主办单位正式提供的数据。

九、数字用法、标点符号、计量单位分别执行国家标准《出版物上数字用法》

（GB/T 15835—2011）、《标点符号用法》（GB/T 15834—2011）、《国际单位制及其应用》（GB 3100—1993）和《有关量、单位、符号的一般原则》（GB 3101—1993）。历史上使用的计量单位，如斗、石、里、尺、磅、华氏度等，在引文时可照录。考虑到社会使用习惯，全书中亩不统一换算。

十、中华民国成立前的纪年，使用朝代年号纪年，括注公元年份；中华民国成立后的纪年，均使用公元纪年。志中所称“解放前（后）”，以该村解放日为界；“新中国成立前（后）”，以中华人民共和国成立日 1949 年 10 月 1 日为界；“改革开放前（后）”，以 1978 年 12 月中共十一届三中全会召开为界。本志“××年代”，凡未加世纪者，均指 20 世纪。

十一、为节省篇幅，避免重复，本志采用条目互见法。参见条目的表示形式为：参见本志“××类目·××分目·××条目”。

十二、对旧志、古籍中的繁体字、冷僻字一般用简化字或通用字替换，易引起误解的则保留。

十三、记述各个历史时期的党派、机构、职务、地名等，均以当时的名称为准。对频繁使用的名称，首次用全称并括注简称，其后用简称。

十四、各村志需要单独说明的事项，均在各自编纂始末中记述。

牡丹村在中国的位置

垫江
牡丹村
乌鲁木齐
新疆维吾尔自治区
西藏自治区
拉萨
青海省
西宁
甘肃省
兰州
宁夏回族自治区
银川
内蒙古自治区
呼和浩特
黑龙江省
哈尔滨
吉林省
长春
辽宁省
沈阳
北京
北京市
天津市
天津
河北省
石家庄
山西省
太原
山东省
济南
陕西省
西安
河南省
郑州
四川省
成都
重庆市
重庆
湖北省
武汉
安徽省
合肥
江苏省
南京
上海
上海市
浙江省
杭州
江西省
南昌
湖南省
长沙
福建省
福州
贵州省
贵阳
云南省
昆明
广西壮族自治区
南宁
广东省
广州
香港
澳门
海南省
海口
海南岛
台湾省
台北
台湾岛
钓鱼岛
赤尾屿
东沙群岛
西沙群岛
永兴岛
中沙群岛
黄岩岛
南沙群岛
曾母暗沙
黄河
长江
渤海
黄海
东海
南海
图例
北京 首都
天津 省级行政中心
未定 国界
省、自治区、直辖市界
特别行政区界
名村所在县级区域
名村
1∶32 000 000
审图号：GS（2019）4178号

牡丹村在重庆市的位置

图例

- 重庆 省级行政中心
- 彭水 县级行政中心
- 省级界
- 县级界
- 名村所在县级区域
- 名村所在乡镇
- 名村

1∶3 120 000

审图号：GS（2019）4178 号

牡丹村平面示意图

桂花村
兴仁镇
邻水县
松花村
三社
牡
丹
村
四社
二社
六社
五社
松花村
石滓镇
松花村
群力村
一社
澄溪镇
文化广场
村委会
图例
村委会
景点
景点接待
新村
聚落
旅游公路
村道
林地
牡丹
湖泊
寺庙
停车场
山峰
古寨
文化广场

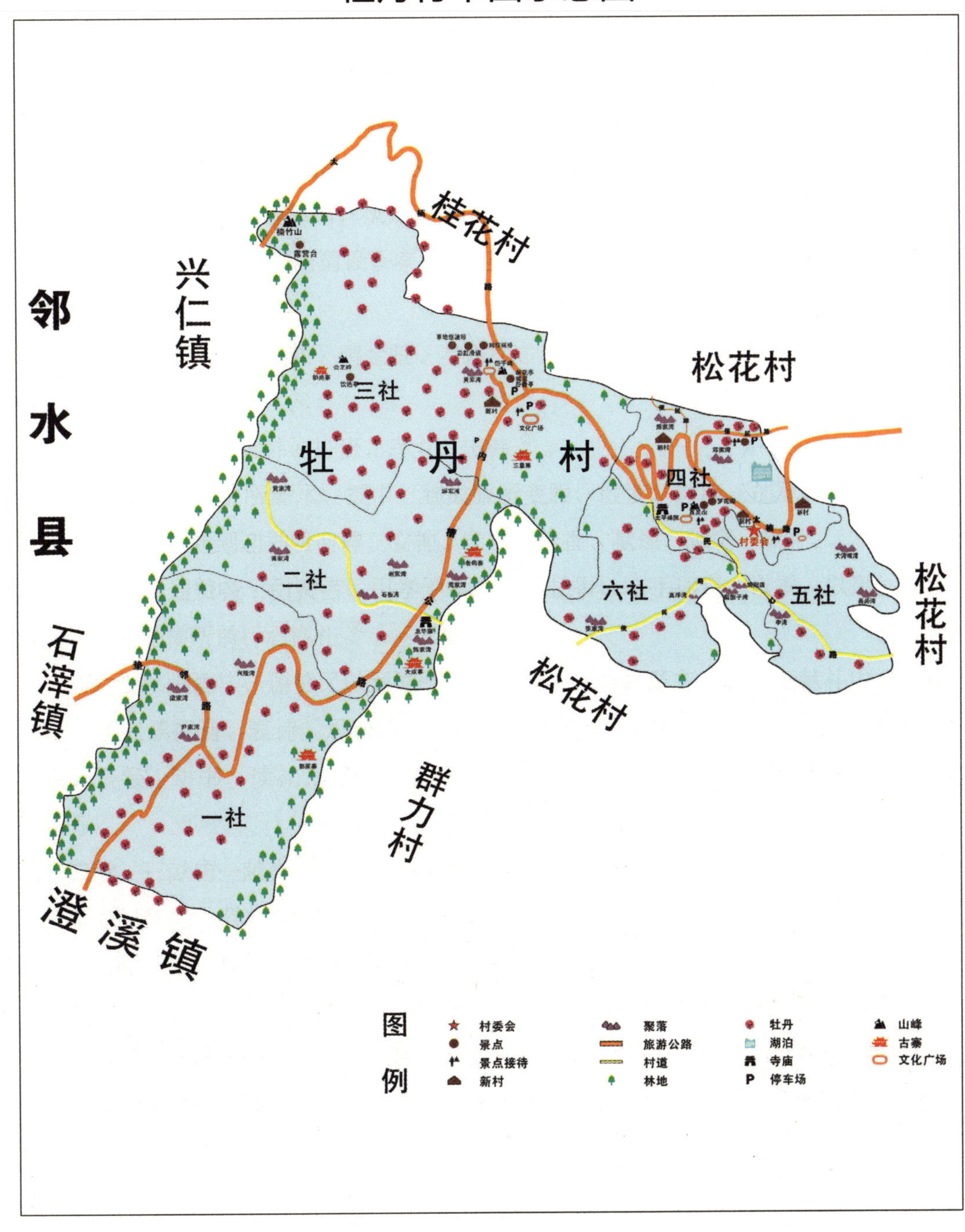

远眺牡丹村（2017年）

牡丹村（2017年）

丹霞满山（2016 年）　　　　熊大庆　摄

山清水秀牡丹源（2006年）

目录

芍药花开（2010 年）

中国丹皮之乡——牡丹村

牡丹村，地处垫江县西部明月山内槽，以境内多牡丹而得名。历史上曾名龙华村，2007 年因境内牡丹花海景区成为重庆市重要花卉旅游品牌，更名牡丹村。隶属垫江县太平镇，距县城 9 千米，面积 6.71 平方千米。有村民小组 6 个，人口 770 户、2846 人。因境内牡丹生长历史悠久，丹皮质量优良，是中国药用牡丹良种基地和出口丹皮种植基地，素有“丹皮之乡”的美誉。

走进牡丹村（2016 年）

一

牡丹村自古多牡丹。自中国第一部中药学著作《神农本草经》起，至李时珍的《本草纲目》，历代药典均将垫江牡丹村丹皮列为地道药材。牡丹村丹皮具有“亮银心、香味浓、粉质足、无性繁殖”4 个显著特点。1962 年，牡丹村丹皮被商业部评为全国质量最佳丹皮。2010 年，垫江（牡丹村）丹皮获国家地理标志证明商标。中华人民共和国成立后，随着医药事业的发展，牡丹村的牡丹种植规模逐步扩大。1954—1961 年，牡丹种植面积在 20 ～ 25 公顷之间。1979 年牡丹种植面积近 40 公顷。2000—2017 年，牡丹种植面积保持在 200 公顷左右。

因为种植牡丹，牡丹村曾经是垫江县最富裕的乡村。人民公社时期，牡丹村村民一个劳动日的收入能达到 1 ～ 2 元，是其他粮食产量区村民一个劳动日收入的几倍。1980 年，牡丹村实行农村经济体制改革，集体耕地全部分配给村民承包经营。其后，由于丹皮价格长期走低，牡丹村的经济开始走上种植、养殖、外出务工的多元化发展道路。

二

牡丹村地处亚热带湿润性季风气候，四季分明，气候温和。广泛分布着阔叶林、楠竹、针叶林、杂灌林以及各种蕨类等草本植被，植被层次丰富，植被覆盖率 89%。村域地貌参差起伏，拥有丰富的旅游资源。除了山地、峡谷、森林景观和优美的田园

牡丹花海（2014年）

风光，更有花繁似锦的数百公顷牡丹。牡丹村的牡丹长在山野，自然立体地分布在山、水、石、林、云岚间，与山东菏泽与河南洛阳的园林牡丹有着显著的区别，被称为山水牡丹。山水牡丹花型大，花姿美，花期长，具有“融入自然，天然去雕饰；山水相伴，清新秀丽；山石云岚相衬，美如仙境；漫山遍野，景象壮观”的“四奇”之美。山水牡丹既有“国色”的艳丽夺目，更有“天香”的馥郁芬芳。山为花之屏，水为花之镜，牡丹与山水相依相融，宛如美人倚山临溪，美不可言。然而，长期以来，牡丹村的村民种植牡丹只为采收丹皮加工出售，山水牡丹的独特美艳却“养在深闺人未识”。

三

2000 年 3 月，太平镇政府在牡丹村举办第一届太平牡丹节暨经贸洽谈会，牡丹村开始走上旅游开发的致富之路。2000—2017 年，牡丹村按“科学规划，合理开发，永续利用”的方针，牡丹种植面积扩大至近200公顷，并通过政府投入和企业投资，逐步修建了恺之峰牡丹文化园、百灵山牡丹艺术园、太平湖牡丹精品园、楠竹山公园、牡丹焦石谷、太平禅院、百年牡丹、明月石佛、千年古藤、静观园等多处人文景点景观，使牡丹村成为牡丹花海景区的核心景区。

2003年，牡丹村牡丹生态园通过重庆市国家旅游等级验收，达到国家AA级旅游区标准。2004年，牡丹村的牡丹生态旅游区通过国家旅游局验收，获“全国农业旅游示范点”称号。2007年，牡丹村被国家林业局命名为全国首批小康村。2012年，牡丹园景区入选重庆市地理标志，牡丹花申报为名特优产品。2013年，牡丹村被评为重庆市级“美丽乡村”。2014年9月，由牡丹村提供的“重庆垫江白芍”和“紫凤朝阳”“奇花露霜”分别获2014青岛世界园艺博览会牡丹专题竞赛牡丹、芍药切花类金奖和铜奖，牡丹村被中国生态文化协会授予“全国生态文化村”及“全国生态文化示范基地”称号。如今，山水牡丹的旅游文化功能逐渐突出，牡丹村已经成为中国西部重要的牡丹观赏地。

四

大开发带来大发展。牡丹村的境内地貌为两山夹一槽，最高海拔1108米。解放前，由于道路不畅，村民出行都要翻山越岭，货物进出全靠肩挑背驮，严重制约了经济发展。随着旅游业兴起，牡丹村大力开展道路基础设施建设，至2017年，已形成外通高速铁路、高速公路，内有乡道、村道、旅游公路的交通网络，全村有家用小汽车200辆。

20世纪50—60年代，牡丹村的民居还常见土墙草房，80年代才开始兴起青砖瓦房。2000年以来，牡丹村先后建成牡丹新村、黄家塆新村、梅子坪新村3个居住点，民居有的是西式别墅独院，有的是中式庭院，人居环境不断改善。2017年，牡丹村获重庆市绿色示范村庄称号。

2000—2017年，牡丹村牡丹生态旅游区已连续举办18届牡丹节。除了牡丹阁、百灵山庄、楠竹山度假村等接待设施，牡丹村还兴办农家乐10余家，日接待能力1.5万人左右。2017年，牡丹村接待游客约38万人次，接待旅游团130余个，全村旅游收入730万元。全村培育牡丹盆花上万盆，丹皮年产量近100吨，加上村民外出务工收入，全村总收入近4000万元。

牡丹仙子（2017 年） 许东升 摄

根据习近平总书记关于重庆市要“高品质生活、高质量发展”的要求，牡丹村的发展目标定位是“中国山水牡丹知名观赏地、西南重要赏花地、重庆环城游憩带核心休闲目的地、垫江王牌景区”。随着牡丹村美丽乡村建设规划和恺之峰旅游区总体规划的逐步实施，牡丹村这颗西部明珠，必将更加灿烂，更加辉煌。

基本村情

牡丹村位于重庆市垫江县太平镇西部，是中国西部独具特色的“华夏牡丹花海生态旅游区”，被誉为“华夏牡丹之源”和“丹皮之乡”，同时还是我国三大丹皮原产地之一。

牡丹村海拔落差大，山地植被层次分明，一年四季风光迷人，特别是境内的“山水牡丹”具有独特的观赏价值，有多处人文景点，是垫江首个国家 AA 级旅游区，全国首批农业旅游示范点，2013 年成为农业部“全国美丽乡村”试点村，2014 年获评“全国生态文化村”。

绿荫掩映龙华庙（2017 年）

◉ 建置沿革

村名由来 牡丹村原名龙华村，因境内龙华古庙而得名。2007 年 10 月，因境内牡丹历史悠久，是垫江丹皮的主产区，牡丹花海景区成为重庆市重要花卉旅游品牌，龙华村更名为牡丹村。

村域变迁 今牡丹村境域，随朝代更替和行政建制变迁而属不同区划。夏、商，属梁州地。西周、春秋，属庸国地。战国，属巴国地。秦，属巴郡朐䏰县地。西汉，

龙华庙功德鼎　　李克忠　摄

属巴郡临江县地。东汉末，属巴郡常安县或临江县地。西晋泰始二年（266），属巴郡临江县地。西魏恭帝三年（556），属邻州垫江县地。北周闵帝元年（557），垫江县更名魏安县，属魏安县地。隋开皇三年（583），魏安县复名垫江县，属垫江县地。大业三年（607），属宕渠郡垫江县地。唐武德元年（618），属邻州垫江县地。武德八年属临州垫江县地。贞观八年（634），属忠州垫江县地。天宝元年（742），属南宾郡垫江县地。五代前蜀，属镇江军垫江县地。后蜀，属宁西军垫江县地。北宋乾德三年（965），属忠州垫江县地。熙宁九年（1076），属梁山军垫江县地。元祐元年（1086），属忠州垫江县地。南宋咸淳元年（1265），属咸淳府垫江县地。元至元二十一年（1284），属忠州丰都县地。至正二十三年（1363），农民起义军首领明玉珍据蜀称帝，在重庆建立大夏国，属忠州垫江县地。明万历年间（1573—1620），属顺庆分府垫江县地。清雍正十二年（1734），属忠州垫江县地。乾隆四十九年（1784），属顺庆分府垫江县地。嘉庆五年（1800），属忠州垫江县地。1912 年中华民国建立后，属东川道垫江县地。1935 年，属第十行政督察区垫江县地。1941 年，属第十行政督察区垫江县太平乡地。1945 年，属第十行政督察区垫江县太平镇第十四保地。1949 年中华人民共和国成立后，属大竹专区垫江县太平乡群力村地。1953 年 3 月，属涪陵专区垫江县太平乡群力村地。1954 年，太平镇将群力村管辖的龙华庙地段一带分离出来，设置龙华村，面积约 3.5 平方千米。1955 年年初，垫江县析太平乡地置群力乡，为县直辖乡。龙华村属涪陵专区垫江县群力乡。1955 年 4 月，析群力乡地置龙华管区，辖 3 个合作社，属涪陵专区垫江县太平乡。1956 年，建立初级农业合作社，龙华管区分设 6 个合作社，属涪陵专区垫江县太平乡。1958 年，太平乡改为太平人民公社，龙华管区改为龙华大队，辖 6 个生产队。龙华大队属涪陵专区垫江县五洞区太平人民公社。1968 年，属涪陵地区垫江县五洞区太平公社。1983 年，太平公社改太平乡，龙华大队改龙华村，辖 6 个村民小组，属涪陵地区垫江县五洞区太平乡。1992 年，太平乡改置太平镇，龙华村属涪陵地区垫江县太平镇。1995 年 12 月，属涪陵市垫江县太平镇。1997 年 6 月，重庆成为中央直辖市。1997 年 12 月，龙华村随垫江县太平镇属重庆市。2001 年 7 月，垫江县实施合村并组，太平镇松高村（辖 9 个组）并入龙华村，面积增加到 6.71 平方千米，两村 15 个组合并为 6 个组，属重庆市垫江县太平镇。2007 年 10 月，龙华村更名牡丹村，辖 6 个组，属重庆市垫江县太平镇。2017 年年底，牡丹村面积 6.71 平方千米，辖 6 个组，属重庆市垫江县太平镇。

牡丹村村民委员会（2017年）

村落历史 牡丹村村落分散于明月山内槽和山麓一带。主要村落有邓家湾、石堡湾、黄家湾，皆因明清时期的“湖广填川”移民活动而形成。

牡丹文化广场（2017年）

山水牡丹（2003年）

邓家湾，位于牡丹村四社，地处百灵山麓，东濒太平湖。原名回龙湾，因地势有回龙之形而得名。因邓姓村民最早迁至回龙湾居住，故名邓家湾。兴建于清嘉庆初年。有村民 15 户，主要为邓姓，其他姓有张、左、邱姓各 1 户。

石堡湾，位于牡丹村二社，地处明月山内槽，东邻龙华庙。因村旁有巨石累积如堡，故名石堡湾。清同治五年（1866）建村。有村民 19 户，主要为程姓，其他姓有雷、江姓各 1 户。

黄家湾，位于牡丹村三社，地处明月山内槽，西邻恺之峰。因由黄姓村民最先居此而得名。清乾隆十三年（1748）建村。有村民 96 户，主要为黄姓，其他姓有甘、朱、程、石姓共 9 户。

◉ 区位　交通

区位　牡丹村地处重庆市垫江县太平镇西部，北纬 30°1′8″ ~ 30°2′16″，东经

牡丹花山下的村庄（2012 年）

107° 35′ 1″ ~ 107° 40′ 10″。西接四川省邻水县兴仁镇、石滓镇，北邻桂花村、松花村，东邻松花村、群力村，南连澄溪镇。牡丹村东距太平镇政府驻地 1 千米，北距垫江县城 8 千米，西南距重庆主城区 126 千米，南距长寿区 58 千米，北距梁平机场 60 千米。

沪蓉高速公路明月山隧道（2009 年）

渝万高铁贴境而过（2018 年）

交通 渝万高铁在村境东面通过，沪蓉高速、渝万高速、渝巫路在村境东面交会。乡道太（平）楠（竹山）路（X008 线），贯通四、五、六社，同时为景区主干道，串联太平湖牡丹精品园、百灵山牡丹艺术园、恺之峰牡丹文化园 3 个开发比较完整的旅游景点，路面宽度约 6.5 米；乡道垫邻路，东西向贯穿一社，与镇政府驻地相连。

自然地理

地貌 牡丹村西高东低，为山地地貌。受三叠纪末期的印支运动，特别是第三纪末期的喜马拉雅造山运动影响发育而成，具有背斜成山、向斜成槽的特征。最高海拔 1000 米，切割深度 400 ~ 600 米，坡度大于 30°，呈棱角状形态。山体东陡西缓，山岭分 2 条顺向排列，东岭名外山，西岭名内山。两脊相对高差 200 ~ 300 米，相距约 1000 米，称内槽。主峰九道拐海拔 1000 米。

境内主要河流打渔溪，源于龙华庙，至澄溪镇群英村张家湾出境入长寿区境汇入龙溪河，全长 10 千米，境内长 1 千米。

气候 村域属四川盆地中亚热带

牡丹村地貌（一）（2015 年）

山巅冬雪（2016 年）

湿润季风气候区，冬暖春早、夏热秋凉，气候温和，雨量充沛，四季分明。日照总辐射量冬少夏多。年平均相对湿度 80%，年平均降水量 1185 毫米，多年最大年降水量 1990.0 毫米，多年最小年降水量 783.2 毫米。降水主要集中在 5—9 月，约占全年降水量的 70%。年均日照时数 1193 小时以上，历史上最多的是 1963 年的 1499.9 小时，最少的是 1982 年的 804.3 小时。楠竹山最高海拔 1099 米，常年平均气温 18.3℃，最低气温 −5℃，最高气温 35℃。

牡丹村地貌（二）（2015年）

◉ 自然资源

土地资源 牡丹村土地总面积 669.36 公顷。其中，耕地 311.11 公顷，林地 236.72 公顷，居民建设用地 41.82 公顷，水域及水利设施用地 14.79 公顷，区域交通用地 10.9 公顷，其他土地 54.02 公顷。

2017 年牡丹村土地资源分布一览表

表 1　　单位：公顷

区域	总面积	居民建设用地	区域交通用地	耕地	林地	水域及水利设施用地	其他土地
一社	200.01	12.68	3.89	84.92	81.62	0.21	16.69
二社	122.19	3.88	0.53	56.01	50.86	0.12	10.79
三社	128.17	4.58	2.09	65.89	43.6	0.27	11.74
四社	63.09	6.91	2.31	37.25	11.79	0.46	4.37
五社	40.43	6.95	0.74	24.97	3.02	0.84	3.91
六社	58.32	6.82	0.61	42.07	1.73	0.57	6.52
林场	44.63	—	0.43	—	44.1	0.1	—
太平湖	12.52	—	0.3	—	—	12.22	—
采石场	1.27	—	—	—	—	—	1.27

水资源 牡丹村水资源总量约 585 万立方米，主要为地表水与地下水。2000—2017 年，境内平均年地表水量为 335 万立方米。全村地表水量地区分布不均，总的趋势是明月山内山、外山地表水量较多，山麓地表水量较少。地下水资源以基岩风化裂

山巅碧水（2015 年）

隙水最多，含水岩层由三叠系嘉陵江组和雷口坡组两套地层组成，主要岩性为灰岩、白云岩，其次为盐溶角砾岩和页岩等。碳酸盐裂隙岩溶水出露面积虽小，但单位面积产量最大。出露形式为沪蓉高速公路明月山隧道泉水，流量随季节性变化，年产水量250万立方米。

野生动物资源 野生动物中，兽类有豪猪、泥猪、野山羊、狐狸（俗称毛狗）、黄鼬（俗称黄鼠狼）、野猫、果子狸、貉、松鼠、田鼠、鼹鼠、蝙蝠、野兔等。鸟类有鹰、白头翁、画眉、松鸦（俗称杉和尚）、三声杜鹃（俗称李桂阳）、大杜鹃（俗称布谷鸟）、燕、雁、雉（俗称野鸡）、竹鸡、秧鸡、猫头鹰、相思鸟（俗称红豆雀）、黄雀、斑鸠、麻雀、黄豆雀、地麻雀、啄木鸟、大山雀、棕背伯劳、黄鹂、噪鹃等。两栖类和爬行类有螃蟹、蛙、蟾蜍（俗称癞疙宝）、乌梢蛇、王锦蛇（俗称菜花蛇）、竹叶青蛇、眼镜蛇、原矛头蝮（俗称烂草蛇）、蟒蛇、壁虎等。

野生植物资源 野生植物有树木类64科160种，主要是红豆杉、三类杉、罗汉松、马尾松、雪松、杉木、侧柏、柏等。竹类有毛竹、斑竹、慈竹、刺竹、白夹竹、水竹等十余种。花类有牡丹、山茶花、木芙蓉、白荷花、野玫瑰等。可食用菌类有火烧王、青

青山延绵（2015年）

山巅植被（2011年）

丹菇、松毛菌、泡粑菌、石灰菌、露水菌、黄鹄皮、茅草菌、九月香、刷把菌、马屁包、斗笠菇、青菌、油腊菇、灰灰菌、红丝菌等。

矿产资源 主要有煤炭，地质储量230万吨，可采储量近150万吨。硫黄矿，储量约8万吨。石灰石，分布在明月山内槽一带。

◉ 人口 姓氏

人口总量 1953—1954年，牡丹村域属群力村，明月山内槽地段，成立互助合作社，有大、小社6个，每个社40余户、70余人。1955年，明月山内槽地段从群力乡分离出来，建龙华管区，成立合作社。龙华管区有300余户，总人口800余人。1958年起，境域人口基本稳定，户籍人口统计基本清晰。20世纪50—60年代，人口自然与机械变动比较频繁。60年代后，户籍人口增长较快。70年代后，人口自然增长率逐年降低。1983年，全村人口331户、1238人。80年代后，由于改革开放，人们外出经商办企业，流动人口多有变化。1988 年，全村人口 330 余户、1258 人。2001 年，龙华、松高两村合并为新龙华村，全村人口 820 余户、2800 余人。2007 年改龙华村为牡丹村，全村人口 770 余户、2853 人。2017 年年末，全村总人口 778 户、2933 人。

主要姓氏

2014 年，全村有姓氏 113 个，主要有程、黄、李、周、易、陈、邓、罗、刘、谢等姓。其中，程姓最多，893 人，占 30.45%；黄姓 435 人，占 14.83%；李姓 135 人，占 4.60%；周姓 114 人，占 3.89%；易姓 113 人，占 3.85%；陈姓 104 人，占 3.55%；邓姓 85 人，占 2.90%；罗姓 71 人，占 2.42%；刘姓 60 人，占 2.05%；谢姓 52 人，占 1.77%；郑姓 51 人，占 1.74%；朱姓 36 人，占 1.23%。

李姓 据李氏家谱记载，明洪武二年（1369），李氏入川始祖李子刚，官至元朝员外郎，为避红巾军，自湖北麻城孝感迁四川垫江。其十一世孙李文秀约于康熙三年（1664）从垫江城南黎明莲花庵迁至太平竹林湾，繁衍五代。其十五世孙李开惠，于乾隆四十九年（1784）从太平竹林湾迁至牡丹村大水井，繁衍已至二十二世。

程姓 据程氏家谱记载，明洪武四年（1371），朱元璋开科取士，程福首为拔贡，从湖北孝感委派入川，到垫江马峡口开基创业。其裔孙在马峡口至明月山一带繁衍。其十二世孙程汝义，于清同治五年（1866）从马峡口迁龙华山原龙华中庙一带，修建了石堡湾，于今有 150 余载。程福后裔已繁衍有 20 余代，遍布全球各地。

黄姓 据黄氏家谱记载，恺之峰南边黄家湾黄氏一支派入垫始祖黄德先，生于清康熙五十四年（1715），康熙五十九年随其祖父黄邦文、父黄沛林从广东省惠州府和平县迁四川省大竹县高家坝居住。后于乾隆二年（1737）又迁邻水县大安乡居住，乾隆十三年迁至四川省垫江县万安里南二甲太平铺明月山内双河口坎上半边街落业。娶罗氏，生五子，名龙富、龙贵、龙荣、龙华、龙元。繁衍至今 300 余年。

陈姓 据陈氏家谱记载，其入川始祖陈志高，于明朝中叶从湖北麻城迁至四川省垫江县南里二甲清水河坎上窑房湾居住，繁衍至五世。逢明末张献忠入蜀，其五世祖应德兄弟五人率家避战乱至贵州数十余年。至清康熙初年，陈应德携子陈宗奇回垫守先业，其余诸兄弟未归。陈宗奇后裔陈有余、陈德全、陈树林分别于清咸丰四年（1854）、1963 年、2008 年为陈氏三次修谱作序。家谱记述该族在牡丹村繁衍时间较长。

谢姓 据谢氏家谱记载，梁平县大姓谢氏谢尚志之曾孙谢学易第五子谢威，号蓬春，于清雍正年间，由梁平县屏锦铺千石坝迁至垫江县南里二甲龙华山地名为三王老爷

（今谢家湾）处居住，繁衍至今 200 多年。

罗姓 据罗氏家谱记载，清道光十二年（1832），村民罗应才从垫江高安秋烟洞迁至太平龙华谢家湾居住，娶妣邱氏。至今已繁衍八代，子孙众多。

朱姓 据朱氏家谱记载，其族始祖朱珍宝，贡士，明洪武十三年（1380）从湖北麻城县孝感乡随师入川，任渝城通判，随即领田百亩，于涪州鹤游坪通济里三角石“插苫为业”，后建贡士湾。其后又搬至土主庙（今重庆市垫江县包家乡土主村）居住。其后裔朱永才，携妻杨氏，于清道光十六年（1836）从鹤游坪通济里三角石（今垫江县白家乡绿柏村）迁至太平龙华山内槽邱家湾居住。其子孙繁衍盛众，是牡丹村大姓之一。

周姓 据 1997 年垫江、梁平、忠县、邻水县、长寿区等地周氏合族新谱记载，垫江县太平镇牡丹村周姓一支派入川始祖周作姬，未知何时由湖南省迁入四川垫江万安里南二甲太平铺西山九道拐落业。其子孙繁衍众多，1997 年有 41 户、163 人。至村民周振文，已历十余代。

郑姓 据郑氏家谱记载，牡丹村郑姓始祖郑儒珍，是郑桓公 87 世孙。郑儒珍兄弟二人于清顺治元年（1644），带二十八字派，从湖北麻城县迁徙。二人将一钵破为两半，各执一半作日后认亲凭证。儒珍公到四川省垫江太平平安湾落户，另一公则落户云南。郑儒珍娶傅氏，生八子，名有仁、有义、有礼、有智、有信、有纲、有常、有伦。其后裔逐渐迁至太平今牡丹村等地世代繁衍。

邓姓 据邓氏家谱记载，牡丹村邓氏一姓先祖邓朝钦于清乾隆四十八年（1783）从广东嘉应州迁四川省垫江县。其子邓桥禄从莲花庵迁至太平铺大河沟回龙湾居住。现持谱村民邓世忠是邓桥禄第八代裔孙。邓氏在牡丹村人口众多。

易姓 据易氏家谱记载，牡丹村易氏一姓，其先祖易明通，明洪武二年（1369）由湖北麻城孝感乡迁四川垫江县万安里二甲大屋街坛神湾落业。生七子，名秀一、秀二、秀三、秀四、秀五、秀六、秀七。后嗣子孙繁衍众多，原村支部书记易享文的曾祖父易其富，系秀一公之裔孙，生长在太平天星桥易家大湾。其子易道成，于 1921 年从天兴桥易家大湾迁至太平松花保（现牡丹村）大湾居住，至今有五代。

刘姓 据刘氏家谱记载，牡丹村刘氏一姓，是为望族，其入川始祖刘良宰，于清康熙五十二年（1713）同姐夫王应福从湖南衡州府耒阳县云丰乡上合里罗周堡水泉树下土主祠迁徙入川，落业在垫邑北中槽沟，栖息年余迁东里火龙寨。生二子，长子刘志礼，次子刘志夔。刘志夔又徙居南里二甲太平铺西山落水孔，其后裔迁居牡丹村者甚众。

梁姓 据梁氏家谱记载，现居住于牡丹村一社的梁氏村民，其开基一世祖梁足节，原系湖广宝庆府武刚州地名渣塘大院屋基生长人氏。第五世梁大禄于明末迁至贵州思州府龙鳌里王家坪。生二子，长子梁仁诗，次子梁仁礼，二人于清康熙四十一年（1702）上川，落业重庆府定远县申平里八甲地名石桥沟。到第七世梁伯荣，于清乾隆二十七年（1762）从重庆定远县迁至川东道直隶忠州垫江县万安里南二甲马市庙落业。再至第十一世梁美明，于清光绪年间（1875—1908）从垫江县万安里南二甲双河迁至本甲蒋家沟坎上新屋基落业（即今牡丹村一社）。其子孙繁衍人口众多。

范姓 据范氏家谱记载，居住于牡丹村的范氏一姓，其入川始祖范道兴，于明洪武元年（1368）入川。先落业于四川省邻水县兴仁镇踏水桥前罗盘穴，后有13世孙迁居垫江太平铺松高村（今牡丹村）。

◉ 发展概况

村务党务建设 1949年，龙华村相继建立村农民协会组织。合作化时期，成立农业合作社。1955年4月，中共龙华管区党支部成立，有党员5名。1958年人民公社化后，大队设立管理委员会，大队下设生产小队。1980年，龙华大队改为龙华村，生产小队改为村民小组。

1988年，《中华人民共和国村委会组织法（试行）》实施。1990年，牡丹村依法选举村支部委员会、村民委员会成员。支部委员会由7名委员组成，采取党员推荐、群众推荐、镇党委推荐，支部党员大会差额投票直接选举产生。村支部委员会每届任期3年。2017年，牡丹村党支部下设6个党小组，有党员95人。

村民委员会成员由村民直接选举产生。村民委员会每届任期3年。2013年11月，牡丹村以有候选人的方式选举产生第九届村民委员会委员。村民委员会成员候选人由登记参加选举的村民等额推荐提名，获得村民过半数选票始得当选。牡丹村第九届村民委员会由主任、文书、治保委员、调解委员、计生委员5名成员组成。

牡丹村实行民主决策、民主管理。村里建房、村社修公路、牡丹园土地出租、农业产业调整等重大事务，先由村支两委提出，交各社村民酝酿，拟出征求意见书，由村民签署意见，80%以上村民同意方可决策。村里在各社选5名村民代表，参与村务管理。

对村支两委工作情况分季度进行评估，对存在的问题提出整改建议。

村支部委员会、村民委员会实行村务公开，定期将村级收支情况及涉及村民利益的事项公布在固定的张贴栏上。2001—2017 年，牡丹村将种粮综合直补、牡丹村退耕还林政策落实、牡丹村土地流转、牡丹村计生奖扶、五保户政策落实、低保户政策落实等事项均予以公开。村民对村支部委员会、村民委员会工作进行民主监督。村监督委员会由村民 3 ~ 5 人组成，对村支两委凡要公开的财务支、收，重大事务确定，人事变动，扶贫救助资金的发放工作实行全过程监督。

村域经济

改革开放以前，农业一直是牡丹村支柱产业。改革开放以后，村域经济逐步向农业、旅游业和外出务工等业多元发展。2017 年，牡丹村经济总收入 3899.53 万元，人均可支配收入 12982 元。全村总收入中，农业收入 1080.53 万元，占比 27.71%；旅游业收入 732.1 万元，占比 18.77%；外出务工收入 1905 万元，占比 48.85%；其他收入 181.9 万元，占比 4.66%。

农业 牡丹村传统农业以种植业为主，养殖业和林业为辅。种植业除种植牡丹，也种植水稻、玉米、油菜、红苕（红薯）等粮油作物和烤烟、白柚、西瓜、蔬菜等经济作物。养殖业主要是生猪，同时也放养牛、羊等家畜和鸡、鸭、鹅等家禽。2017 年，全村农业收入 1080.53 万元，其中丹皮收入 233.2 万元，粮油等作物种植收入 389.6 万元，畜牧业收入 475.1 万元，林业收入 0.63 万元。

野生香菇（2016年）

黄牛养殖（2006 年）

山羊养殖（2010 年）

山林中的土鸡（2014 年）

牡丹花盆栽（2015 年）

白柚（2008 年）

种植西瓜大棚（2006 年）

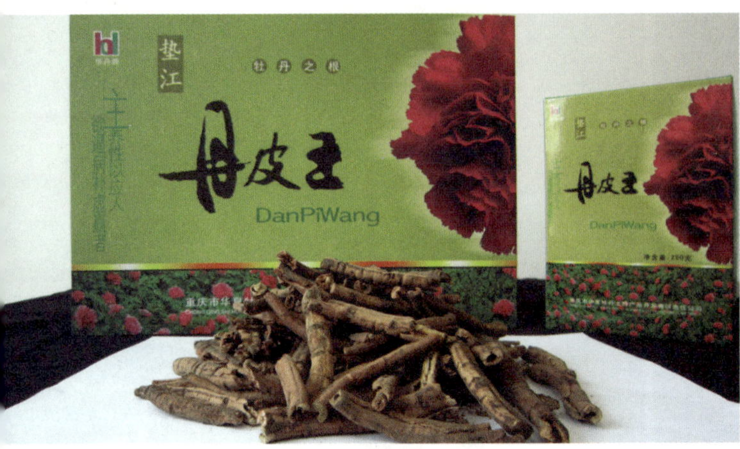

丹皮产品（2013 年）

收获丹皮（2016 年）

旅游业 牡丹村旅游收入主要为开办农家乐的收入和牡丹盆花销售收入。2000—2017 年，牡丹村有农家乐 10 余家，每年接待市内外游客 30 余万人次。2009 年以后，全村每年培植销售牡丹盆花上万盆，村民黄清安、陈光元、黄清禄、黄清友、甘素云等村民培植牡丹盆花每年收入上万元。牡丹村的“牡丹花海”是重庆市花卉旅游的一张靓丽名片。2000—2017 年，已连续举办 18 届牡丹文化节，每年接待游客 30 万人次以上。村民出售牡丹苗木、盆景、花环及当地特色农副产品，年收入 60 余万元。2017 年，全村旅游收入 732.1 万元。

外出务工 2000 年国家实行退耕还林后，牡丹村耕作土地大量减少，加之种植结构调整，富余劳动力逐渐增多，外出务工开始出现。2001 年，全村外出务工人员 20 余人，以木工、瓦工外出从事建筑行业为主。人均年收入在 8000 元左右。随着外出务工人员逐年增多，收入水平也逐年提高，达到人均年收入 5 万元左右。2017 年，全村常年外出务工人员 327 人，主要务工地域有重庆主城区、云南昆明、贵州贵阳、湖北十堰等地，务工总收入 1905 万元。

社会事业

文化 牡丹村传统文化活动有扭秧歌、划龙船、玩狮子、玩彩龙火龙。二胡民间艺人程发云，自幼爱好二胡，是当地有名的二胡手。村里吹唢呐艺人经常参加乐队演出。改革开放以来，随着村民物质生活提高，文化生活也增添新内容。从 1978 年 5 月成立太平乡电影队开始，电影进村进社进农户院坝，每月县文化馆电影放映队到村放映一次。遇有祝寿或婚丧之事，村民就花几千元钱请民间乐队到家里演出，并将演出中的庆典内容刻成光碟，作为家里的资料保存，既调节气氛，又丰富文化生活。2000年，在牡丹文化广场建有文体活动室，设有乒乓球、羽毛球、跳棋、篮球、象棋等器材，方便村民强身健体，丰富文化生活。2011年，牡丹村建立村图书室，有藏书近2000册，对村民全天候开放，村民可在此读书学习，提升文化知识水平。2015年，全村实现电视卫星直播户户通。

教育 牡丹村历来有崇文重教、耕读传家的优良传统。民国时期，村域内有两所私塾，中华人民共和国成立后至2002年，先后办有龙华村小学和中学。2002年因太平镇校点布局调整而撤销。2016年，全村学前教育入学率100%，义务教育入学率100%。全村在园幼儿19人，小学生59人，初中生16人，高中生17人，大、中专学生27人。2007—2010年，为培育新型农民，提高劳动者素质，加强成人教育工作，举行牡丹栽培管理、农家乐烹调技术培训班6期，参加培训485人次。

卫生 中华人民共和国成立初期至人民公社化前，区设卫生所，乡设联合诊所。人民公社化后，太平公社设卫生院。1968年，农村开始推行合作医疗制度。龙华、松高两村从1970年开始，设立大队合作医疗站，名称为龙华大队合作医疗站、松高大队合作医疗站。医疗站属太平医院下属机构。医生由大队推荐，医院培训，报酬由大队负担，称为“赤脚医生”。合作医疗人均交费2元，其中个人付0.5元，集体付1.5元。在医疗站治病时每个处方交费0.05元，药费全免。由于当时经济困难，医疗站除2个药柜、1张办公桌、1个制中药的碾盘、1个听诊器、1个消毒锅之外，无其他医疗设备。合作医疗也欠费严重，大队医疗站运行十分艰难，有时候处于有医无药状态。为保证人民群众身体健康，提倡“预防为主、治疗为辅”的医疗方针。1980年以后，随着家庭联产承包责任制落实，合作医疗制度随之取消。村卫生站只承担卫生防疫和妇幼保健任务，医疗实行谁看病谁出钱。2006年，开始实施新型农村合作医疗制度，个人参保缴费人均20元，上级医疗主管部门为村卫生站添置部分医疗设备，使全村医疗条件大为改观。2012年以前，村卫生站医生收入除村补助防疫费以外，还有药品差价、诊疗费用等方面收入。从2012年开始，村卫生站医生报酬实行改革，药品实行零差价销售，不允许以药养医。医生报酬主要由财政公共卫生费解决，除收取每人次5元诊疗费，不再收取任何费用。牡丹村卫生站房屋，暂租用乡村医生房屋。2017年，村卫生站有乡村医生2人，医疗设备有电脑1台、中药橱1个、治疗台1个、诊断桌1个、观察台1个、理疗仪2套、血糖仪1个、氧气瓶1个、雾化器2个、血压计3个、听诊器3个、消毒设备1套。

花间犁田（2016 年）

牡丹产业

牡丹村是垫江丹皮的主产地。牡丹村栽培药用牡丹，不仅历史悠久，而且久负盛名，与凤丹皮齐名。境内药用牡丹品种有太平红、凤山白、大通墨玉、凤丹粉、富贵红、紫斑白、凤丹紫、鼠姑仙8个品种。1999年，随着华夏牡丹花海生态旅游区的开工建设，大力发展牡丹旅游产业。同时，药用牡丹种植面积也逐步扩大规模。2017年，全村种植牡丹178公顷，丹皮产量1100余吨，销售收入233.2万元。种植牡丹盆花上万盆，销售收入30余万元。如今，牡丹村人利用境内丰富的药用牡丹资源优势，打造开发生态旅游，努力实现生态美、产业兴、百姓富。

山间牡丹（2016 年）

◉ 药用牡丹

中国西部是牡丹原产地。中国野生牡丹出现于白垩纪，分化最晚在中新世，距今至少在 1300 万年以上。

盛产牡丹的牡丹村地处垫江县明月山，有着悠久的牡丹生长历史。中国最早的药学著作《神农本草经》载："牡丹……生山谷……出巴郡。"宋寇宗奭《图经》说，牡丹生巴郡山谷及汉中。明李时珍《本草纲目 · 别录》云："牡丹生巴郡山谷及汉中，二月、八月采根，阴干。"牡丹村为巴国属地，地近江州。秦灭巴国后建立巴郡，牡丹村一直是巴郡属地。可见，牡丹村不仅是中国丹皮的原产地之一，而且药用牡丹很早就得到了开发利用。1962 年，商业部将牡丹村确定为全国药用牡丹良种基地和出口丹皮种植基地，负责向全国提供种苗。

牡丹村是垫江丹皮的主产地，在 20 世纪 70 年代出版的《中国大辞典》中有记载，在四川省《药物栽培学》及《中药材商品学》等教材中，牡丹村丹皮均列为该学科的教学内容之一。牡丹村栽培药用牡丹，不仅历史悠久，而且久负盛名，与安徽铜陵的凤丹皮齐名。1999 年，随着华夏牡丹花海生态旅游区的开工建设，大力发展牡丹旅游产业，药用牡丹种植面积也逐步扩大规模。

药用牡丹品种

牡丹村的药用牡丹有太平红、富贵红、凤山白、大通墨玉、凤丹粉、紫斑白、凤丹紫、鼠姑仙 8 个品种。其中，太平红、富贵红、大通墨玉、凤丹紫、鼠姑仙为本地原有品种，亦称粉丹；凤山白、凤丹粉、紫斑白是清代从安徽铜陵凤凰山引进的品种，亦称凤丹。

太平红　是牡丹村本土药用牡丹的代表品种。该品种花蕾球形，花色桃红，花径 16 ～ 20 厘米，属大花品种，具浓香味。多数单花，生于当年生枝顶端；少数双花，生于顶端。花梗细软而长，花侧垂。主要为皇冠台阁型花，亦有皇冠型、金环型、蔷薇型。花瓣可达 300 余枚。下方花外瓣 2 ～ 3 轮，宽大，质软，边缘波状齿裂；内瓣 3 ～ 8 轮，细小，多褶皱，边缘波状齿裂。上方花外瓣 1 ～ 2 轮，边缘齿裂，细长而直立。雄雌蕊及房衣多退化或瓣化，花丝粉紫色，花粉囊长可达 1.5 厘米，呈金黄色。有房衣者深紫红，而无雌蕊；有雌蕊者粉紫色，而无房衣；偶有结实。心皮 5 ～ 12 个，散生于花

太平红（2017 年）　　李克忠　摄

盘，幼果密生柔毛。枝开展丛生，新生芽多，深紫红色，发枝力强，新生枝较短、较密，当年可形成丛生状短枝，植株较矮。叶为1～2回3～5出羽状复叶，小叶多2～5裂，顶小叶扇形，侧小叶多卵形，不裂小叶长桃形，嫩叶紫红色，背面有茸毛，至开花时转为银紫色，叶面有紫斑。根表皮粉黄色，肉粉白色。

富贵红　又名宫廷艳、富贵托金。为牡丹村传统品种，也为古药书上介绍的红花典型品种。花蕾圆尖，花桃红色，花径16～20厘米，属大花品种，具烈香味。多数单花，生于当年生枝顶端；极少数双花，生于顶端。花均上举，花梗粗短而硬。属单瓣型，花瓣1～2轮12枚左右，宽大，倒卵形，质硬，边缘有小齿状，基部有深红斑。雄雌蕊正常，花粉囊长可达1厘米，金色呈半球状，房衣紫色，柱头紫红色，结实率低。心皮4～6个，束生于花盘，呈辐射状开张，幼果密生柔毛。枝半开展丛生，新生芽多，深紫红色，发枝力强，新生枝长，当年可形成丛生状枝，株壮枝粗。叶为1～2回3出羽状复叶，叶片宽大，小叶多2～5裂，多扇形，少有桃形或卵形，嫩叶银紫色，背面有茸毛，至开花时转为紫绿色。根表皮褐色，肉粉红色。

凤山白　为牡丹村传统品种，也为古药书上介绍的白花典型品种。花蕾桃形，花

富贵红（2009年）

凤山白（2008年）

白色，花径15～17厘米，属中花品种，具清香味。单花，生于当年生枝顶端。花梗粗长而硬。属单瓣型，花瓣1～2轮12枚左右，呈长扇形，质地柔软，基部略带粉色。雄雌蕊正常，花粉囊细短而量少，黄色，房衣及柱头紫红色，结实率高。心皮5～8个，束生于花盘，呈辐射状开张，幼果密生柔毛。枝直立丛生，新生芽多，粉黄色，成枝力强，新生枝特长，当年可形成丛生状枝，枝长而粗壮。叶为1～2回3～5出羽状复叶，叶片窄长，部分顶小叶1～2裂，长扇形，不裂顶小叶和侧小叶长条形，嫩叶翠绿色，至开花时转为绿色。根表皮褐色，肉粉色。

大通墨玉 因引自垫江县内新民镇大通寺而得名。花蕾圆桃形。花墨紫色，有光泽，花径18～22厘米，属大花品种，具烈香味。单花，生于当年生枝顶端。花梗弯曲，

大通墨玉（2007年）

凤丹粉（2008年）

长而硬，花侧垂。属皇冠型，有时呈托桂型，花瓣可达100枚以上，外瓣3～4轮，质硬，内瓣褶叠，紧密，花瓣均内卷，瓣间杂有雌雄蕊。房衣瓣化，雄蕊有瓣化，雌蕊正常，花丝、柱头紫红色，能结实。心皮8～12个，散生于花盘，幼果密生柔毛。枝粗壮弯曲，新生芽少，深紫红色，发枝力弱，新生枝长，当年可形成粗壮枝条。植株高大，可达数米。叶为1～2回3出羽状复叶，叶面粗糙，小叶多2～4裂，顶小叶扇形，侧小叶卵形，嫩叶暗紫色，背面有茸毛，至开花时转为粉紫色。根表皮褐色，肉白色。

凤丹粉 花蕾桃形。花粉白色，花径15～17厘米，属中花品种，具浓香味。单花，生于当年生枝顶端。花梗粗长而软，属荷花型。花瓣3～4轮15枚左右，呈长扇形，质地柔软，边缘有裂，裂上锯齿状，基部略带红晕。雄雌蕊正常，金色花粉囊绕雌蕊呈圈状排列，房衣及柱头深粉红色，花丝粉紫色，能结实。心皮5～8个，束生于花盘，呈辐射状开张，幼果密生柔毛。枝直立丛生，新生芽多，韭黄色，成枝力强，新生枝长而粗壮，当年可形成丛生状枝。叶为1～2回3～5出羽状复叶，叶片窄长，大部顶小叶和部分侧小叶1～2裂，扇形，不裂的顶小叶和侧小叶披针形，嫩叶粉黄色，至开花时转为翠绿色。根表皮褐色，肉粉红色。

紫斑白 花蕾桃形。花粉白色，花瓣基部有紫红斑，花径15～17厘米，属中花品种，具清香味。多数单花，生于当年生枝顶端，少数3～4年生双花，生于顶端。花均上举，花梗粗而长。属蔷薇型，花瓣3～4轮16枚左右，呈长扇形，质地柔软，边缘有裂，裂上有齿状。雄雌蕊正常，花粉囊黄色，花丝、房衣及柱头粉紫色，能结实。心皮4～8个，束生于花盘，呈辐射状开张，幼果密生柔毛。枝弯曲丛生，新生芽多，粉红色，成枝力强，新生枝长而粗壮，当年可形成丛生状枝。叶为 1 ~ 2 回 3 ~ 5 出羽状复叶，叶片长菱形，部分顶小叶 1 ~ 2 裂，扇形，嫩叶粉红色，至开花时转为淡黄色。根表皮褐色，肉粉红色。

凤丹紫（2008 年）

凤丹紫　花蕾桃形。花紫红色，花色由浓变淡，可出现一株多种花色。花径 18 ~ 20 厘米，属大花品种，具浓香味。单花，生于当年生枝顶端。花上举，花梗粗硬且长。属单瓣型，花瓣 1 ~ 2 轮 12 枚左右，花瓣硕大，近圆形，质地较硬，边缘有波状齿。雄雌蕊正常，花粉囊黄色，房衣及柱头紫红色，结实率高。心皮 5 ~ 8 个，束生于花盘，呈辐射状开张，幼果密生柔毛。枝直立丛生，新生芽多，黄绿色，成枝力强，新生枝长而粗壮，当年可形成丛生状枝。叶为 1 ~ 2 回 3 ~ 5 出羽状复叶，叶片披针形，部分顶小叶 1 ~ 2 裂，扇形，嫩叶翠绿色，至开花时转为绿色。根表皮褐色，肉粉红色。

紫斑白（2017 年）

鼠姑仙　花蕾圆尖。花粉红色，花径 13 ~ 15 厘米，属小花品种，具烈香味。单花，生于当年生枝顶端。花上举，花梗粗短而硬。属荷花型，花瓣 3 ~ 4 轮 18 枚左右，呈三角形，质硬，边缘有小齿，基部色越红。雄雌蕊正常，花粉囊金色，房衣紫色，柱头紫红色，结实率低。心皮 5 ~ 6 个，束生于花盘，呈辐射状开张，幼果密生柔毛。枝半开展丛生，新生芽多，紫黄色，发枝力

鼠姑仙（2008 年）

牡丹品种科普画廊（2012 年）

强，新生枝长，当年可形成丛生状枝，株壮枝粗。叶为 1 ~ 2 回 3 出羽状复叶，叶片宽大，小叶多 1 ~ 5 深裂呈鹅掌状，少有不裂者呈柳叶形，有光泽，嫩叶粉紫色，至开花时转为翠绿色。根表皮褐色，肉粉红色。

药用牡丹种植

生长条件 牡丹属温带植物，喜凉怕热，好燥惧湿。喜向阳，忌荫蔽。最适宜生长在排水良好的矿子黄泥和暗紫泥土中。牡丹村所处明月山呈带状，分布着较大面积的适宜土壤，年均气温 17.0℃，年降水量 1162 毫米，无霜期 289 天。四季分明、雨量充沛，光、热、水协调，为观赏型牡丹和优质丹皮生产提供天然而独特的环境保障。

育苗 牡丹村牡丹苗繁育，自古以来都采用根系分蘖的小苗进行分株繁殖（无性繁殖）。1962 年，牡丹村成为全国药用牡丹的种子基地后，部分外输品种（如凤山白、凤丹粉）采用种子育苗。

分株繁殖是在丹皮采收季节，选 3 ~ 5 年生植株，挖起全株，将主根切下供药用，截取茎与根交界处带侧根的分蘖，尽量保留细根，然后进行栽植。一般从白露开始到寒露结束。

建园 选择地势较高、土层深厚、阳光充足、排水良好的坡地，以 15° ~ 30° 的缓坡建园为宜。栽种窝深 15 ~ 20 厘米，以种苗放入窝内不弯曲为宜。

栽培技术 牡丹移栽后第一年可以在行间进行深中耕，中耕深度以 7 ~ 10 厘米为宜。定植当年不追肥。第二年春季开始结合中耕追施农家肥，每年 2 ~ 3 次。

牡丹苗基地（2015年）

病虫害防治　牡丹种植常见病害有叶斑病、根腐病、炭疽病、灰霉病4种，虫害主要是蛴螬。

牡丹叶斑病防治　牡丹叶斑病常在花后的半个月发病，最严重的时间是在7月中旬。发病初期叶片背面出现黑色斑点，边缘发黑，逐渐严重到病斑连接到一起，叶片出现焦枯脱落。严重影响牡丹花叶片的光合作用。防治方法是采用多菌灵、代森锰锌、波尔多液等杀菌剂喷洒，每5～7天喷洒一次，连续喷洒3～4次。

根腐病防治　牡丹性喜干，肉质根系在土壤积水时非常容易得根腐病。根腐病会导致牡丹花地上部分长势衰弱，叶片发黄，泛红，严重时叶片和枝条会枯死。牡丹根腐病应该是预防大于治疗，栽培地应适当开厢排水。如有发病，用甲基托布津拌土，或者用800倍溶液浸泡根部，同时土壤中应拌入杀虫剂，防治地下害虫。

牡丹花炭疽病防治　在高温多湿的季节容易发生牡丹花炭疽病。感染炭疽病的牡丹叶片会呈现枯斑，随着病害的加重，叶面枯斑会逐渐连接成片，病茎出现扭曲，枝条枯死。防治方法是在发病初期，用代森锰锌喷洒叶面及枝条，一般5～7天一次，连续用药2～3次即可治愈。

牡丹灰霉病防治　牡丹灰霉病在温暖高湿季节易发生，可引起幼苗的倒伏、枯萎。发病初期，受害的叶片叶尖和叶缘出现深绿色水渍斑点，开始像烫伤，然后逐渐向叶片内部扩展，湿度大时，会造成叶片出现褐色的腐烂斑点，并长满灰色霉状物。预防灰霉病主要是增加磷、钾肥施用量，并加强通风，控制浇水量。发病后可用甲基托布津进行

巴郡药王谷（2017 年）

地道药材——丹皮（2015 年）

喷洒治疗，一周一次，连续喷洒 2 ～ 3 次即可。

蛴螬防治　蛴螬是金龟子幼虫，体型肥大，主要危害牡丹根部。用氨水作底肥或追肥结合防治，效果较好。

丹皮产销

种植面积　中华人民共和国成立后，随着医药事业的发展，丹皮市场需求急剧上升。1953 年，牡丹村粉丹种植面积 16.7 公顷。1954—1961 年，牡丹种植面积为 20 ～ 25 公顷。1962 年，商业部对全国各地生产上报送检的丹皮样品，组织专家进行质量评比论证鉴定，认为四川省垫江县和安徽省铜陵县所产的丹皮质量为最佳，确定垫江牡丹村为全国粉丹良种基地，向全国提供种苗。国家又出台奖励政策：每收购丹皮 50 千克，奖粮食、化肥各 25 千克。牡丹村种植牡丹面积达 29.3 公顷。

1971 年以后，牡丹村丹皮被列为对外出口药材之一，牡丹种植面积一直保持在 30 公顷左右。1979 年，垫江县对丹皮种植实行以销定产，牡丹村当年牡丹种植面积 39.3 公顷。1981—1983 年，调整中药材种植计划，牡丹种植面积仍在 33.3 公顷左右，年产丹皮仍在 25 吨左右。1985—1999 年，牡丹村牡丹种植面积及丹皮产量逐步上升。2000 年，牡丹村牡丹种植 241 公顷。2017 年，全村种植药用牡丹 178 公顷。

丹皮采收　牡丹生长年限愈长，根的产量愈高，定植后 4 年左右即可收获，8—11 月份为采收季节。牡丹村一般每公顷土地可收鲜根 11.25 ～ 15 吨。

丹皮加工　牡丹村丹皮不刮皮，抽出木心后直接晒干，称为原丹。用竹刀刮去外表

一路药香（2015 年）

栓皮后晒干，称为刮丹。药用牡丹鲜根折干率为 30% ~ 35%。

抽取木心是用夹刀顺根切一直缝，剥开根皮，将中间木心抽出，然后将根皮理直捏紧，合拢切缝，再横切成 10 厘米左右短节放置阳光下晒干，即为丹皮成品。

丹皮销售　据史料记载：清乾隆十一年（1746），县民挖牡丹等野生药材 37 种出售，光绪二十六年（1900），在太平铺（今太平镇）出现药材市场，有专门店铺销售牡丹村丹皮。

1917 年版《垫江乡土志》记载："本境货丹皮远销重庆，年约值银数百两。"1926 年，粉丹（丹皮）5 千克可换黄谷（水稻）1 石（162 千克）。1932 年，垫江县药材同业公会采取以销代购方式，推动牡丹村丹皮跨出"山门"，走进重庆、万县、达县等地。

1985 年版《垫江县志医药局志》记载："太平乡龙华村和澄溪镇高坪村一带因具有独特的土质、地形、气候等自然条件，所产的丹皮有根粗、肉厚、色白、粉质足、香味浓的特点，深受医药界的消费者的欢迎，曾远销东南亚地区。"

解放战争时期，"丹皮销路堵塞，货弃于地"。不少农民忍痛把多年生的牡丹挖掉，当成柴草烧饭。

中华人民共和国成立后，党和政府十分重视中医药事业的发展，丹皮也随之获得新

收获丹皮（2017 年）

分装丹皮（2015 年）

的发展机遇。1952 年，500 克粉丹价值 8 元多。1953 年，县供销社为西南地区农副产品推销经营处代购丹皮 140 吨，其中由牡丹村提供 50 余吨。1958 年，四川省将垫江县划为丹皮主产区。

1971 年，牡丹村丹皮被列为对外出口药材之一，为丹皮销售拓展了市场，远销到中国的香港、台湾地区，以及日本、新加坡、马来西亚、印度尼西亚等国家。

1974—1979 年，全村共出口丹皮 188.2 吨，创外汇 149.4 万元。

1976 年，全村销售丹皮 40 吨。1979 年，县药材公司改计划收购为以销定产，抽调技术人员深入牡丹村等丹皮产区，指导农户提高加工技术，牡丹村销售丹皮 59 吨。

1984 年，丹皮由二类药材降为三类，取消奖励物资，允许自由上市。20 世纪 80 年代后期至 2017 年，牡丹村丹皮都是由药贩贩到外地销售。2017 年，牡丹村丹皮销售收入 233.2 万元。

2001—2017 年牡丹村丹皮生产销售情况表

表 2

年份	种植面积（公顷）	产量（吨）	销售收入（万元）	年份	种植面积（公顷）	产量（吨）	销售收入（万元）
2001	218	121.2	317.6	2010	229.40	112.0	302.1
2002	230	136.50	368.4	2011	225.5	110.9	297.9
2003	235	115.50	324.9	2012	223.6	108.4	292.1
2004	240.5	119.40	327.4	2013	210.3	102.3	270.3
2005	238.30	119.50	338.5	2014	200.7	99.5	270
2006	239.60	117.30	323，1	2015	197.7	95.8	258.4
2007	237.40	116.2	320	2016	182.7	90.4	243.7
2008	234.60	115.5	313.9	2017	178	86.4	233.2
2009	231.2	113.70	309				

◉ 观赏牡丹

牡丹村的牡丹长在山野，被称之为“山水牡丹”。山水牡丹则具有“花山相映、花石相映、花树相映、花水相映、花岚相映”五大特征。

在东西宽 4 ~ 5 千米的衬山、外山、内槽的坡土、谷地、石间、林中、湖塘畔、溪旁、瀑布边，到处都种植着牡丹。每年 3—4 月牡丹花盛开，漫山遍野，层层叠叠，间有怪石、古村、山泉、瀑布、溪流、湖塘的花山花海与远山、流云、薄雾、森林，交织成大自然的美丽画卷。

观赏牡丹品种

牡丹村的观赏牡丹集中种植在位于太平湖西岸的精品牡丹园，种植有从河南洛阳、山东菏泽等地引进的太阳、花王、海黄、黑豹等 46 个品种，还有景区嫁接培育的华夏红等品种。

太阳　引进自日本。植株中等，株型直立。茎黄绿色，中型长叶，顶小叶突尖，黄绿泛红，叶脉明显，叶背光滑，幼叶颜色黄绿，叶柄长 37 厘米，斜展，青绿色，凹处红色，花蕾圆尖形，花朵侧开，荷花型，火红色，房衣紫色，柱头红色，花丝紫红色，花瓣基部有红晕，浓香型，花径 21 厘米，中开品种。结实力强，分枝力中，一年生枝长 41 厘米，吐芽少，生长势中。

太阳

花王

华夏红

海黄

花王 皇冠型或蔷薇型。深银红色，植株高大直立，枝条粗壮，花梗长，花朵高耸，直立向上，生长强势，鳞芽鲜红色，馒头状，花期晚。

华夏红 在洛阳红和太平红的基础上，自主嫁接培育的新品种。蔷薇型，有时呈菊花型。花蕾扁圆形；花紫红色，有光泽；花径 16 厘米。花瓣多轮，质硬，排列整齐，基部具墨紫色斑；部分雄蕊常有瓣化现象；雌蕊多而小，房衣暗紫红色，偶有结实。花梗较长而硬，花朵直上。中花品种。株型高，直立。枝较细而硬，一年生枝长，节间亦长；鳞芽圆尖形。中型长叶，质硬；总叶柄长约 12 厘米，斜伸；小叶卵形，缺刻多，端渐尖，叶面绿色。生长势强，成花率高，萌蘖枝多。

海黄 从法国引进的品种，是牡丹中的金牡丹，因其颜色黄而纯正，花瓣均匀，花心中金黄色的花蕊很罕见，所以海黄牡丹被誉为“极品”中的“极品”。海黄牡丹形态像菊花，花瓣基部有茶褐色斑纹，花侧开，花量大，群体花期长，植株高大张开，具有多次开花的习性。

黑豹

岛锦

黑豹 中花品种，荷花型，花瓣大而质硬有光泽，边缘褶皱，雄蕊多，柱头浅红，中度喜光，稍耐半阴，喜温和，具有一定耐寒性，忌酷热，适宜高燥，惧湿涝。多年生长，性成熟期 3 ~ 5 年，盛花期 4 ~ 40 年，采种日期 9 月中下旬。

岛锦 是 1974 年日本品种“太阳”的芽变，与中国的“二乔”并称牡丹品种中最著名的 2 个嵌合体品种。“岛锦”花色鲜艳，一花双色，有时也会开出原种太阳的全红色。

雪映桃花 自山东菏泽百花园引进。中花，中度喜光稍耐半阴，喜温和，具有一定

雪映桃花

洛阳红

墨玉

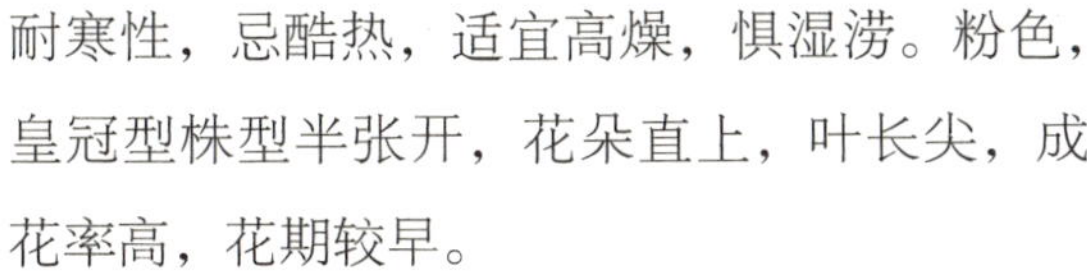

耐寒性，忌酷热，适宜高燥，惧湿涝。粉色，皇冠型株型半张开，花朵直上，叶长尖，成花率高，花期较早。

洛阳红 花丝上部白色，花药长圆形，花盘革质，杯状，紫红色。心皮 5 片，密生柔毛。蓇葖长圆形，密生黄褐色硬毛。

墨玉 花朵呈皇冠型，有时呈托桂型。花蕾圆尖形，暗紫色，花墨紫色有光泽。

香玉 是所有牡丹中最香的品种。花型一般属皇冠型，有时呈荷花型或托桂型，花初开时略显浅浅的粉色，盛开时则洁白如玉。

月宫烛光 花为白色，花芯紫红，好似点燃的红烛；基部有如光芒四射的紫斑。

花卉牡丹盆栽

前期准备 牡丹盆栽前主要做好培养土的配制和备齐花盆。培养土一般用腐熟堆肥、园土、粗砂各 1/3 混配。花盆选用口径 30 ～ 40 厘米、深 30 ～ 50 厘米的大瓦盆、陶（瓷）盆或塑料盆。

香玉

月宫烛光

盆栽时间和方法 牡丹盆栽的适宜时间在 9 月下旬（秋分后）至 10 月下旬（霜降前）为宜。栽植时要对牡丹苗木进行整形修剪，剪去枯枝败叶、萌蘖和过长的根，使地上与地下部分均衡，造型美观大方。

盆栽苗株管理 栽后应马上浇透水一次，以后根据土壤干湿每隔 3 ～ 4 天浇水一次，以保持盆土湿润为宜。夏秋季节在清晨或夜间浇水，应做到不干不浇。牡丹喜肥，除在培养土内加足基肥外，在开花前追肥 1 ～ 2 次。追肥用油饼泡制的稀薄液肥为佳，亦可用含量 45%（氮、磷、钾比为 1∶1∶1）的三元复合肥。大田栽植可采取临时搭棚遮风避光，延长观赏时间。

丹苗装盆（2017 年）

牡丹花盆栽示范基地（2015 年）

遮阴延迟花期（2009年）

秋季催花 也称“赶花”。通过人工改变自然条件，提前降温，加大昼夜温差和减少光照等一系列措施，使牡丹在秋季开花。牡丹村催出的牡丹花，在花型、花色、枝叶等方面都接近于正常花期开放的牡丹。

花石相映（2016年）

花水相映（2008年）

牡丹岩（2014 年）

熊大庆　摄

青花瓷碗上的牡丹图案

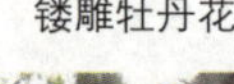

镂雕牡丹花

牡丹花石刻

牡丹花石雕

牡丹装饰 在牡丹村的古墓和出土文物中，均可见到用牡丹作为装饰图案的器物。尤其在民居建筑和家具中，采用牡丹作为装饰更为普遍。

从元明清时期在牡丹村民间使用床具、面架、梳妆台、神龛、门楣、窗花、匾额、台柱等器物上，有纷繁的牡丹花纹样构成。如牡丹鸳鸯图案、凤凰牡丹图案、龙戏牡丹图案、祥云牡丹图案、牡丹映水图案等，表现手法上有阴刻、阳刻、浅浮、深浮、镂空、镏金描彩、单色流光等，图案形式有独立纹样、二方连续纹样、四方连续纹样等。

牡丹文学艺术 在牡丹村，有大量以牡丹为创作题材的诗、词、赋、记、散文和民间传说故事，现已出版《华夏牡丹花海诗文集》《牡丹故乡风情诗文集》《牡丹好诗歌》

2014 年 4 月 3 日，四川美术学院师生在牡丹村创作书画

等诗集。

牡丹艺术作品，主要体现在书法、国画、摄影、演唱等方面。2004 年，曾与河南洛阳、山东菏泽共同举办牡丹摄影作品展，深受好评。牡丹书画摄影出版专集有《华夏牡丹花海》书画摄影专集和《牡丹故乡风情》书画摄影专集。2014—2017 年，垫江县举办牡丹诗会 3 届，邀请全国各地著名作家、诗人近百人到牡丹村赏花采风，咏牡丹、歌牡丹，创作出大量关于牡丹的脍炙人口的诗歌作品。

◉ 旅游节庆

牡丹村的旅游节庆是牡丹节。2000—2017 年，已连续举办 18 届牡丹节。牡丹节分为 3 个阶段。第一阶段（2000—2001 年）名称是太平牡丹节暨经贸洽谈会，由太平镇人民政府举办。第二阶段（2002—2005 年）名称是中国重庆华夏牡丹节，由垫江县人民政府举办。第三阶段（2006—2017 年）名称是中国重庆垫江牡丹节，由垫江县人民政府举办。

太平牡丹节暨经贸洽谈会　2000 年 3 月 27 日，首届太平牡丹节暨经贸洽谈会在牡丹村一组开园，赏花地主要在牡丹村一组黄家湾后坡（恺之峰），游客免费游览。4 月 6

2000 年 4 月 6 日，首届太平牡丹节经贸洽谈会在牡丹村楠竹山举行

2001 年，第二届牡丹节在牡丹村举办

日，首届太平牡丹节暨经贸洽谈会在楠竹山桂竹公寓举行招商引资洽谈会，垫江县四套班子全体领导出席，副县长高万致辞。首届牡丹节到会企业 5 家，签约资金 5000 万元，主要项目是开发绿叶山庄和建设肉羊基地。

2001 年 3 月 25 日至 4 月 25 日，举办第二届太平牡丹节暨经贸洽谈会。3 月 25 日，牡丹节开幕式文艺演出在牡丹文化广场举行，太平镇党委书记邓正友致欢迎词，垫江县政府副县长张太刚致辞，县委副书记白茂华宣布第二届牡丹节开幕。4 月 1 日，太平镇党委、镇政府主办的经贸洽谈会在楠竹山举行。牡丹节期间，市县有关部门领导，文化、企业界知名人士纷纷到太平观花考察，研究太平以牡丹花为载体的旅游经济和文化发展之路。

中国重庆华夏牡丹节 2002 年，县委、县政府开始主办牡丹节，并将太平牡丹节更名为中国重庆华夏牡丹节，届次承接太平牡丹节。3 月 26 日至 4 月 14 日，举办第三届中国重庆华夏牡丹节。3 月 26 日，开幕式暨大型文艺演出在太平镇龙华村牡丹文化广场举行，重庆市人大常委会副主任周建忠，市政协副主席张仲惠、李明及市级有关部门负责人出席，副市长陈光国发表讲话，垫江县委书记黄仕焱主持开幕式并宣布开幕。开幕式文艺演出由中央电视台主持人朱军和重庆电视台主持人史小诺主持，甘萍、王宏伟、张礼慧、刘欣等演员登台献艺，观众 3 万余人，重庆电视台进行全程直播。经贸洽谈会引进旅游项目 2 个，投资 3200 万元。

2003 年 3 月 22 日至 4 月 12 日，举办第四届中国重庆华夏牡丹节，以“春满垫江万事兴，盛世太平牡丹情”为主题。3 月 22 日，牡丹节在牡丹村牡丹文化广场开园。牡丹

2003年3月25日，中国花卉协会常务理事、中国牡丹芍药协会理事长、北京林业大学教授王莲英（右）考察垫江牡丹

2006年4月6日，牡丹专家成仿云教授（中）在牡丹园调研

节期间，举办了首届垫江牡丹仙子大赛、牡丹服饰表演、牡丹盆景及名优产品展销会、牡丹文化研讨会、“巴渝杯”中日青年书法家作品擂台赛及绘画摄影作品大赛、啤酒竞饮等一系列活动。重庆电视台进行全程直播。3月24日，重庆市委副书记、市纪委书记滕久明考察牡丹园。3月31日，重庆市委副书记、市长王鸿举，市委副书记姜异康考察牡丹园。2003年12月4日，垫江县华夏牡丹生态园通过验收，达到国家AA级旅游区标准。

2004年，牡丹节采取市场化运作的方式，引进企业开发和管理景区。3月27日至4月10日，举办第五届中国重庆华夏牡丹节，由重庆市旅游局、市总商会和垫江县委、县政府主办，以“牡丹香国享太平，富民升位兴垫江”为主题。3月27日，第五届中国重庆华夏牡丹节在牡丹村牡丹文化广场开园。4月4日，中共重庆市委书记、市人大常委会主任黄镇东考察牡丹园。2004年7月，垫江牡丹生态旅游区通过国家旅游局验收，获首批“全国农业旅游示范点”称号。

2005年3月26日至4月9日，举办第六届中国重庆华夏牡丹节，以“生态、休闲、发展”为主题。3月26日，第六届中国重庆华夏牡丹节在牡丹村牡丹文化广场开园。牡丹节期间，在牡丹村百灵山广场举办垫江县特色商品展销会。

中国重庆垫江牡丹节　2006年，中国重庆华夏牡丹节更名为中国重庆垫江牡丹节，届次承接中国重庆华夏牡丹节。3月25日至4月8日，举办第七届中国重庆垫江牡丹节。3月25日，牡丹节开园仪式在牡丹村牡丹文化广场举行。牡丹节期间，共接待游客22.6万余人次。

2006 年 3 月，第七届牡丹节文艺演出

2007 年 3 月，第八届牡丹节文艺演出

2007 年 3 月 18 日至 4 月 25 日，举办第八届中国重庆垫江牡丹节。3 月 18 日，牡丹节开园仪式在牡丹村牡丹文化广场举行。牡丹节期间，共接待游客 10.05 万人次。3 月 28 日，四川大学中文系教授张昌余在县旅游局长郭安华的陪同下，到牡丹村恺之峰考察。张昌余对牡丹村山水牡丹情有独钟，发表即兴演讲，认为山水牡丹既能观赏，又有极高的药用价值，无愧“花中之王”称号。3 月 31 日，牡丹节文艺演出在垫江县体育场举行。

2008 年 3 月 28 日至 4 月 10 日，举办第九届中国重庆垫江牡丹节。3 月 28 日，第九届中国重庆垫江牡丹节在牡丹村开园，牡丹园大门口搭建临时舞台，进行具有浓郁地

2008 年 3 月，中央电视台农业频道在牡丹村采访村民

2008 年 4 月 5 日，中央电视台科教频道在牡丹村拍摄《千年古县 · 垫江县》

方特色的锣鼓队和摩托车队表演。牡丹节期间，共接待游客 15 万余人次，实现旅游总收入 265 万元。中央电视台农业频道和科教频道先后到牡丹村采访拍摄。

2009 年 3 月 24 日至 4 月 6 日，举办第十届中国重庆垫江牡丹节。3 月 24 日，牡丹节开园仪式在牡丹村牡丹文化广场举行，县四套班子主要领导及县级相关部门领导出席。3 月 26 日，中央电视台电影频道主持人蒋玉菡一行到牡丹村恺之峰采风考察。4 月 3 日，山东菏泽牡丹研究培植专家赵孝知一行到太平牡丹村考察。4 月 5 日，重庆市政府副秘书长一行到牡丹村考察。第十届牡丹节接待游客 17 万余人次，旅游总收入 280 余万元。

2010 年 3 月 24 日至 4 月 8 日，举办第十一届中国重庆垫江牡丹节。3 月 24 日，牡丹节开园仪式在牡丹村牡丹文化广场举行，县四套班子主要领导和重庆文理学院党委副书记左益及县级各部门领导人出席开幕式。开园仪式演出是由重庆文理学院师生组合编排的“花开富贵、龙凤呈祥”文娱节目，观众 6000 余人。第十一届牡丹节接待游客 40 余万人次，旅游收入 1900 余万元。

2011 年 3 月 18 日至 4 月 20 日，举办第十二届中国重庆垫江牡丹节。3 月 18 日，牡丹园景区开园。3 月 23 日，以“牡丹故里，田园垫江”为主题的西部城市川黔渝鄂新闻媒体交流会电视集中采访活动在牡丹园景区开展，各地参加采访活动的电视台台长和记者约 100 人。3 月 31 日，重庆市委党校考察组一行到太平牡丹村牡丹园景区考察。4 月 18 日，中央组织部部长张泉景到牡丹村牡丹园景区考察。第十二届牡丹节接待游客

2009 年 3 月 24 日，参加垫江牡丹节的全国各地牡丹专家考察牡丹村

2010 年 3 月 28 日，牡丹专家刘政安（中）、李嘉珏（右）在牡丹村考察

43 万余人次，旅游收入 2100 余万元。

2012 年 3 月 23 日至 4 月 20 日，举办第十三届中国重庆垫江牡丹节。3 月 23 日，第十三届中国重庆垫江牡丹节开园仪式暨文娱演出在牡丹村牡丹文化广场举行，县四套班子主要领导及县级相关部门领导出席。第十三届牡丹节接待游客 45 万人次，旅游收入 2212 万元。2012 年，牡丹村“牡丹源”三字入选重庆市地理标志。

2013 年 3 月 15—30 日，举办第十四届中国重庆垫江牡丹节。3 月 15 日，第十四届牡丹节开园仪式暨文娱演出在牡丹村牡丹文化广场举行，县四套班子部分领导及县级相关部门领导出席。第十四届牡丹节接待游客约 50 万人次，接待旅游团 300 余个。

2014 年 3 月 25 日至 4 月 13 日，举办第十五届中国重庆垫江牡丹节。3 月 25 日，第十五届牡丹节太平牡丹园开园仪式暨垫江牡丹个性化邮票首发式在牡丹村牡丹文化广场举行，县政府、县政协及县级相关部门领导出席。垫江牡丹个性化邮票由国家邮政局发行，首发邮票 8 枚，彰显了牡丹村山水牡丹的风采和文化底蕴。牡丹节期间，牡丹村山水牡丹送中国 2014 年青岛世界园艺博览会展出，《重庆垫江白芍》《紫凤朝阳》《奇花露霜》等牡丹芍药鲜切花分获牡丹竞赛切花类金奖、铜奖、铜奖；四川美术学院师生 80 余人到恺之峰采风写生。第十五届牡丹节接待游客约 30 万人次，接待旅游团 200 余个。2014 年，牡丹村被中国生态文化协会评为“全国生态文化村”“全国生态文化示范基地”。

2015 年 3 月 15 日至 4 月 5 日，举办第十六届中国重庆垫江牡丹节。3 月 15 日，第

牡丹个性化邮票（2014 年）

十六届中国重庆垫江牡丹节太平牡丹园开园仪式在牡丹村牡丹文化广场举行，县委、县人大、县政府、县政协及县级相关部门领导出席。开幕式上，重庆电视台“凡人有乐”栏目组与观众一起互动演唱。第十六届牡丹节接待游客 25 万余人次，旅游收入合计 1619 万余元。其中，旅游商品销售收入 40 万元，广告位收入 5 万元，农家乐收入 130 万元，出售牡丹盆花收入 24 万元，出售丹皮收入 1320 万元，门票及停车费外包收入 100 万余元。

2016 年 3 月 25 日至 4 月 20 日，举办第十七届中国重庆垫江牡丹节。3 月 25 日，第十七届中国重庆垫江牡丹节太平牡丹园开园仪式暨文娱演唱会在牡丹村牡丹文化广场举行，县政府、县政协及县级相关部门领导出席。第十七届牡丹节接待游客约 35 万人次，接待旅游团 150 余个，旅游收入 1745 万元。

2017 年 3 月 15 日至 4 月 20 日，举办第十八届中国重庆垫江牡丹节。3 月 15 日，第十八届中国重庆垫江牡丹节太平牡丹园开园仪式暨文娱演唱会在牡丹村牡丹文化广场举行，县政府、县政协及县级相关部门领导出席。第十八届牡丹节接待游客约 38 万人次，接待旅游团 130 余个，旅游收入 1800 万元。牡丹节期间，重庆市非物质文化遗产“大石竹编”传承人赵向阳在牡丹村设销售门市，销售《吉祥如意》《沁园春·雪》《长征诗》《生肖图》《条屏天香图》《八骏图》《富贵图》《千年古县，牡丹故里》等竹编工艺作品，吸引不少游客购买。

赵向阳竹编作品《千年古县，牡丹故里图》（2017 年）

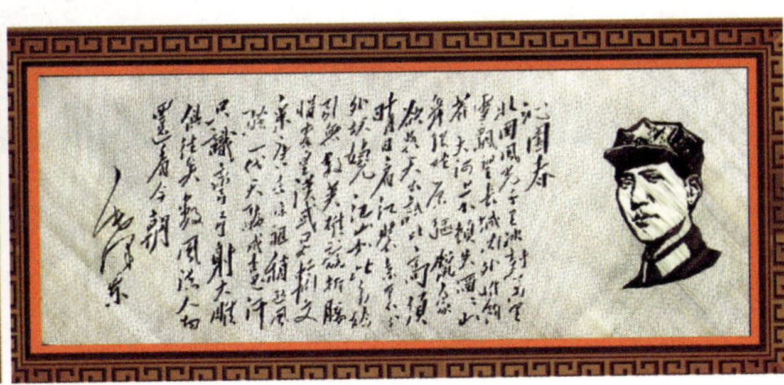

赵向阳竹编作品《沁园春·雪》（2017 年）

赵向阳竹编销售门市（2017年）

村民生活

俗云:“靠天其来久矣。”牡丹村历来以传统种植业为基础，生活只能满足日常需要。中华人民共和国成立后，牡丹村人因地制宜，奋发图强，大力发展牡丹丹皮种植，经济稳定发展，村民的经济收入也逐年上升。衣、食、住、行得到了改善，牡丹村普通农户家中也陆续有了新式家居、电器、汽车等，村民过上了幸福美满的生活。

“乐善好施、帮难扶困”是牡丹村纯朴民风的真实写照。如今，牡丹村各项社会保障健全，五保、优抚、救济、农村养老保险、最低生活保障、精准扶贫、农村医疗保险等政策为村民带来了实实在在的福利，让牡丹村人的日子越过越红火。

◉ 收入与支出

村民收入 1986年，居民人均总收入445.59元。其中，工资性收入22.41元，家庭经营性收入389.57元，转移性收入28.32元，财产性收入5.29元。纯收入为300.02元。

2005年，农村居民人均总收入3544.97元。其中，工资性收入1387.31元，家庭经营性收入1931.29元，转移性收入196.15元，财产性收入30.22元。农村居民纯收入为2813.00元。

2017年，农村常住居民人均可支配收入13979元。其中，工资性收入3909元，家庭经营性收入5176元，财产性收入316元，转移性收入4578元。

村民支出 1986年，农村居民人均总支出455.13元。其中，家庭经营费用支出191.32元，购置生产性固定资产支出3.02元，税费支出15.21元，生活消费支出495.00元，其他非借贷性支出10.81元。

2005年，农村居民人均总支出3544.10元。其中，家庭经营费用支出723.59元，购置生产性固定资产支出30.14元，税费支出10.61元，生活消费支出2548.66元，其他非借贷性支出231.10元。

2017年，农村居民人均总支出10294元。其中，用于食品烟酒、医疗保健、居住、交通通信、教育文化娱乐和其他方面的支出分别为3290元、1561元、1737元、985元、1385元和213元，衣着、生活方面的支出分别为480元、643元。

◉ 衣食住行用

服饰 清代，贫者多穿粗蓝土布衣，乡绅富豪多穿绸、缎和“洋衣”（机织布），式样有大襟长衫、短服、对襟、马褂等。头包青、白布帕，或戴各种式样的绒帽、毡帽、瓜皮帽。脚上春、夏、秋三季穿布底鞋或草鞋，冬季穿棉鞋、布帮油底钉鞋或圆包草鞋。民国初年，改良服制，乡绅富豪多做长衫或中山服，博士帽也随之流行。太平场镇妇女穿短装或旗袍，脚穿布鞋或皮鞋，佩戴首饰；村乡下妇女袖口衣襟镶边或绣花，脚穿布鞋。抗日战争时期，民风日开，服饰仿“下江人”穿戴，但村里仍以长衣、汗衫为主。

中华人民共和国成立后，随着丹皮销售行情看好，经济活跃，人民生活水平逐步提高。从 20 世纪 50 年代开始，老年和成年男女多身着长衫、头包白帕。青少年则着装随意，多穿土布对襟衫，脚穿布鞋或赤脚。女青年有的穿花布衣服。“文化大革命”中，青年人以穿军装为时髦。1978 年以后，服装款式繁多，时兴中山装、西服、喇叭裤、牛仔裤、羽绒服、春秋衫、蝙蝠衫、连衣裙、旗袍、对开衫等。服装面料，也向毛哔叽、华达呢、凡尔丁、的确良、涤纶、丝绸发展。皮鞋、胶鞋、塑料底布鞋、凉鞋较为普遍。

饮食 清代及民国时期，人们饮食，贫富迥异。官宦富绅之家，一日三餐皆为大米，不离荤腥。中等人家粗细粮兼食，每月打几次牙祭（即吃肉）。贫苦农民则是“红苕半年粮”，油荤稀薄，如遇灾荒，则喝羹咽菜度日。有粮之家，春节的汤圆、端阳的粽子、中秋的糍粑、平时的醪糟成为传统习惯。蔬菜，冬季以萝卜、白菜、青菜为主，夏季以南瓜、苋菜、茄子为多。间食粉条、魔芋、血旺、豆腐，用葱、蒜、辣椒、生姜、花椒、豆瓣等作调料。口味，普遍喜辣、麻、酸、咸，一菜多味，尤其喜辣。泡菜、咸菜的品种繁多，是全村佐餐食品，家家皆备。肉食以猪肉为主，牛、羊、鸡、鸭、鹅、鱼次之。牛非老残不能宰食。猪肉则有炒、炖、蒸、凉拌、回锅等烹调方法。每年冬至后，村里都有熏腊肉、炕香肠的习惯。凡因红白喜事办筵席，多以炒菜、烧菜下酒，蒸菜下饭。席以主菜定名，富绅官僚家庭有“鱼翅席”“海参席”等，鸡鸭鱼肉俱全，山珍海味必备。一般人家多是“平头席”，以猪肉 1 斤左右做烧白、酥肉为主菜，

村民喜宴（2012 年）

加粉条、豆腐及蔬菜凑满八器，俗称“八大碗”。牡丹村人喜饮烈性酒，以高粱火酒为佳，度数高冲劲大。平时饮稀熬酒[①]，夏季间饮咂酒[②]。男子喜吸叶子烟，妇女吸水烟，家家都有烟袋和烟杆，来客必奉。农家还腌制咸鸭蛋，是栽秧时桌上必不可少的食品。鸦片传入后，村里人深受其害，视吸鸦片为畏途，称食者为“烟鬼”。

中华人民共和国成立后，人民生活大大改善，村里山外，以大米为主食者居多，山内则细粗粮兼食。在改革开放之后，村里经济迅速发展，饮食差距逐渐缩小，人们的食物构成有了较大变化。红苕、玉米等杂粮，已主要用作饲料，猪肉、禽蛋成了“家常便饭”。婚丧节庆，饮食更为讲究，以冷盘、小炒、油酥鸡、鸭、鱼、肉、甜食、海鲜、烤羊肉等入席，讲究色、香、味、形，注重工艺。烈性酒已少人问津，多饮啤酒、香槟酒、咂酒、低度酒等。

民居 牡丹村房屋建筑多为土木结构的瓦房和草房，瓦房多为富者所居，草房为农民所住。富裕人家的房多为排列式的穿斗木结构瓦房。官绅人家则走马转阁楼、四合院、三重堂、大朝门、高院墙。中等人家多为一正两横，一楼一底，中间为堂屋，供奉祖宗牌位和迎宾接客，两侧为住室，横房为住室、厨房，或为堆放什物之所。贫苦人家则平房茅舍，土木结构，以竹片夹壁或土泥糊墙为壁。

山居图（2009年）

① 稀熬酒：当地农家用高粱发酵，土法蒸馏出的一种高度酒。

② 咂酒：当地农家用高粱发酵生产的一种历史悠久的酿造酒。酿造好后装在坛子中，饮用时添加开水，插入竹管，大家围坐一起轮流吸饮。

冬暖夏凉的土墙民居（2017年）

20 世纪 50—60 年代，村里草房逐渐减少。70 年代改以青砖为壁的瓦房。特别是中共十一届三中全会后，村里住房条件显著改善。难避风雨的土墙草房多被砖木、砖混结构瓦房所代替，还有西式别墅独院、中式庭院。村民培植花木，居住环境优美。

出行 20 世纪 50 年代以前，村民外出都是沿山间羊肠小道步行，各项物资进出全靠肩挑背驮。1964 年，经过牡丹村的垫邻路竣工，原龙华大队五、六两队（现在的牡丹村一社）通车，但村民出行主要还是靠步行。改革开放以后，尤其是 2000 年以后，随着牡丹村旅游业兴起，村内旅游公路、乡村便道形成网络，村民家中的摩托车、家用汽车、农用车逐渐增多。2017 年，全村有家用汽车 200 辆，摩托车 60 辆，农用车 5 辆。

用具 民国年间，一般人家家具多用原木粗制，讲求扎实耐用，有立柜、柜子、箱子，卧具以平头床、架子床居多，用具为木器、铁器和土陶器。富裕人家比较讲究，卧具有围床、半围床等，床架有浮雕图案，床前置踏凳；室内有雕花漆柜、靠椅、瓷心方凳、穿衣镜、梳妆台等；用具多为铁、铜、锡器和细瓷器。1941 年后，家具陈设稍有变革，如抽屉改为写字台，靠桌改为茶几，床简化为宁波式床或敞床。

中华人民共和国成立初，家庭用具变化不大。20 世纪 70 年代开始，新式家具逐渐增多，讲究高低床、大衣柜、书平柜、写字台、床头柜等，形状各异，式样时有更新。

山地锄头（2017 年）

手锤（上）、刨片（下）（2017 年）

部分铁、木制用具逐步被搪铝制品、塑料用品所代替。收录机、缝纫机、电视机、电冰箱、电风扇、农用机动车、三轮车、摩托车、家用汽车、固定电话、移动电话等进入寻常人家。

牡丹村的特色生产工具，主要有山地锄头和丹皮加工工具——手锤与刨片。

社会保障

牡丹村有乐善好施、帮难扶困的纯朴民风。如遇天灾人祸，邻里亲友间捐款捐物，互助渡过难关。在社会生产力水平低下，社会保障体系缺乏的背景下，村民自发的相互救助维系了相对稳定的社会秩序。中华人民共和国成立后，村民开始拥有基本的社会保障，牡丹村五保户由集体供养，少数贫困户每遇春荒冬寒，缺吃少穿，各级组织均及时给予照顾，保障弱势村民的基本生活。

五保 对丧失或基本丧失劳动力，生活没有依靠的孤、老、残、幼，村委会采取“依靠集体供给，并辅之以必要的国家救济”的办法，为其解决生活困难，保吃、保穿、保医、保住、保葬，称为“五保”。在落实大包干责任制以前，凡是女 55 周岁、男 60 周岁的孤寡老人都被纳入五保对象，由集体负责供养，五保户死亡后其财产归集体所有。村集体安排专人负责五保户日常生活，根据工作量大小给予工分补助。原龙华村 1983 年在原三队集体仓库屋基上建大队福利院，五保户实行集中供养。有的五保老人因年老体弱，则转入太平镇敬老院生活。2001 年合村以后，牡丹村有 2 个五保老人在太平镇敬老院集中供养，后相继去世。至 2015 年，全村还有 3 个五保老人，其中 1 个在太平镇敬老院集中供养，2 个在村内分散供养。

优抚 在农村落实大包干生产责任制以前，牡丹村优抚工作是对义务兵由集体给予记工分补助，改革开放以后由国家发放优待金。从 20 世纪 90 年代开始，国家对抗美援朝等参战退伍老兵发放抚恤金。2008 年，发放范围扩大至带病退伍伤残军人、伤残民兵。2011 年，对年满 60 周岁的退伍军人开始发放抚恤金。2015 年，牡丹村参战援外退伍军人 1 人，抚恤金每人每月 360 元。伤残退伍军人 2 人，抚恤金标准每人每月 365 元。享受退伍军人老年生活补助 10 人，每人每月补助标准根据在部队服役年限长短而不同，原则上每服役 1 年每月补助 15 元。

救济 村里对村民遇到天灾人祸，通过多种方式，筹集社会资金和物资，帮助他们解决生活困难。2011 年以后，每年由民政部门向牡丹村困难村民发放救助资金 13 万余元，冬令救济和临时救助资金 5 万余元。

农村养老保险 2009 年，开始实施新型农村养老保险，当年有 194 人缴费参保。同年，全村有 145 名 60 周岁及以上老人享受老年生活补助，标准为每人每月 80 元。2015 年，全村有 5 人享受失能老人补贴，标准为每人每月 200 元；有 7 名 90 岁以上老人享受老年人补贴，标准为每人每月 100 元。

最低生活保障 从 2007 年开始，牡丹村开始落实农村最低生活保障（简称低保）政策，当年全村有 4 人享受低保政策，保障金额每人每月平均 15 ~ 25 元。此后因低保政策调整，享受低保的人群逐年扩大，保障金额也在不断提高。到 2015 年，全村共有 24 人享受低保，全年保障金额 74580 元。

农村医疗保险 牡丹村 2009 年开始推行农村新型合作医疗及医疗保险制度，当年参保 194 人，参保率约 8%。2015 年，参保 1440 人，参保率约 60%。同年，村卫生站门诊诊疗 3100 余人次，报销费用 27900 元；全村住院病人 156 人次，报销费用 78.62 万元。2017 年，个人参保缴费人均 80 元，全村人口 2800 余人全部参加新型农村合作医疗，共缴费 22.40 万元。

精准扶贫 2010 年以后，牡丹村争取高山生态移民资金 57.25 万元实施异地扶贫搬迁，共搬迁 329 户，1145 人，主要安置地点为垫江县县城和场镇。2015 年，精准扶贫工作全面展开，村委会按照精准扶贫政策要求，通过召开村民代表会议，在全村困难户基础上确定精准扶贫户 64 户 206 人，其中五保户 5 户 6 人（分散供养），低保户 5 户

16 人。经在全村公示，全部符合政策标准。在开展“精准扶贫”中，工作专班采取“一对一”帮扶办法进行入户走访，调查家庭困难情况及致贫原因，根据各贫困户不同情况制定详细帮扶措施。帮扶人定期每月对贫困户进行跟踪走访、慰问，实时了解家庭阶段性困难，落实具体帮扶措施。帮扶单位有县委党校、渝运集团、太平政府，其中县委党校出资 3 万元为贫困户实施产业帮扶和节日慰问。2017 年年末，全村已脱贫 60 户 193 人，未脱贫 4 户 13 人。

花树相映（2009年）

新农村建设

牡丹村以改善道路、农田水利设施、通信、水电气等基础设施建设为抓手，以居民新村建设和生态建设为契机，提升村民素质、改善人居环境，先后建成牡丹新村、黄家塆新村、梅子坪新村。全面落实牡丹园景区建设规划和美丽乡村建设规划。2014 年，获“全国生态文化村”称号，2017 年获“重庆市绿色示范村庄”称号。如今的牡丹村，山更青，水更明，村更美，民更富。

◉ 建设规划

牡丹村美丽乡村建设规划 2014 年年初，由太平镇人民政府委托重庆市仁豪城市规划设计有限公司编制《牡丹村美丽乡村建设规划》。2014 年 11 月，《牡丹村美丽乡村建设规划》经垫江县人民政府批准实施。

《牡丹村美丽乡村建设规划》为牡丹村总体规划。规划范围为牡丹村辖区范围，北邻桂花村，东邻松花村，南邻群力村，西邻四川省邻水县石滓镇，规划面积 6.71 平方千米。规划期限为 2013—2020 年。其中，2013—2015 年为近期阶段；2016—2020 年为巩固阶段。规划区发展目标定位为中国山水牡丹知名观赏地、西南重要赏花地、重庆环

黄家湾一角（2011 年）

城游憩带核心休闲目的地、垫江王牌景区。形象定位为华夏牡丹出垫江，山水牡丹冠天下。产业定位为以牡丹种植、观光旅游为主，疗养度假为辅。规划内容包括产业发展规划、旅游规划、集中居民点布局规划、土地利用规划、交通规划、基础设施规划、生态环境保护等。

恺之峰旅游区总体规划 2017 年 12 月，由重庆兴垫中惠旅文化旅游开发有限公司委托湖南中惠旅规划设计院编制《恺之峰旅游区总体规划》。2018 年 7 月，《恺之峰旅游区总体规划》经垫江县规划委员会批准实施。

《恺之峰旅游区总体规划》为牡丹村专项规划。规划期限为 2019—2030 年。近期为 2019—2020 年，中期为 2021—2025 年，远期为 2026—2030 年。规划范围包括太平牡丹源片区、楠竹山片区、华夏牡丹园片区，涵盖了整个牡丹旅游区的重点旅游区域。规划核心板块为太平湖—恺之峰板块，该板块东起太湖涂家湾一带，西至公主岭上罗家湾，南到山基坡以南高平湾，北至松花寨以北染房湾。具体包括太平湖、打靶场、百灵山、羊母山、松花寨、三星寨、老鸹寨、山基坡、恺之峰、大河沟、公主岭等几个片区。度假区总面积约 10 平方千米，其中牡丹源片区约 372 公顷，楠竹山片区约 81 公顷，特色民宿、美丽乡村、生态保育片区约 526 公顷，华夏牡丹园约 22 公顷。

规划将恺之峰旅游区总体定位为以牡丹为媒，整合恺之峰旅游区山水资源，并通过高空游线设计实现三区联动，按照国家 AAAA 级旅游景区标准，将恺之峰旅游区建设成为集花海观光、山地运动、乡村休闲、生态避暑、康养度假等功能于一体的山水空中极致体验乐园。规划目标为国家 AAAA 级旅游景区、中国绿色旅游发展示范区、中国生态文明建设示范区。规划内容包括分区规划、体验体系规划、交通体系规划、产业规划、土地利用规划、旅游服务体系规划、专项规划、综合防灾规划等。其中，体验体系规划以牡丹文化为核心，开发牡丹观光、体验、运动、康养等体验产品，构建以康养休闲为核心诉求，集健康休闲、民俗文化体验、花海观光、山地运动、生态避暑、康养度假等于一体的旅游产品体系。

◉ 基础设施建设

道路

牡丹村道路建设包括旅游公路、村级道路和乡村便道三部分。

太（平）楠（竹山）路（2015 年）

旅游公路建设 牡丹村旅游公路主干道是太（平）楠（竹山）路，起于太平镇牡丹大道，止于牡丹村楠竹山桂竹公寓。全长 11 千米，其中牡丹村域内路段 4 千米。该路段于 2012 年 6 月 9 日开工，2013 年 6 月竣工。总投资 2186 万元，按农村三级路标准修建，沥青路面。2016 年，投资 2021 万元，将恺之峰至垫邻路间的村道拓宽升级，从西面由邻水县石滓镇中城寨旅游景区经澄溪镇入牡丹村龙华庙，再入旅游景区，全长 4.67 千米，双向两车道，沥青路面。该路段西连澄溪镇，东接太平镇，以景区主干道、G302 线为交通骨架，串联太平镇、牡丹村、澄溪镇，为大区域旅游环线。村内沿太（平）楠（竹山）路（X008 线）有 3 个公共停车场：太平湖停车场、牡丹阁停车场及恺之峰停车场，其中恺之峰停车场 2012 年扩建新增 120 个车位。

村级道路建设 20 世纪 50—60 年代，牡丹村村级道路有 2 条。一条为 1964 年 10 月由垫江县政府组织修建的垫邻路，自群力大队的马峡口，至龙华大队边界碗厂沟梁子，全长 12 千米，原龙华大队五、六两队（现在的牡丹村一社）通车。另一条为太桂路，即太平场镇到县管桂花煤厂公路，路经原龙华大队一队黄家湾。70 年代，修建一条由垫江水泥厂至龙华庙的道路。1999 年原龙华三社组织村民修建一条全长 1 千米的道路。从此，黄家湾到原龙华三社（现牡丹村二社）谢家湾通车，牡丹村结束不通公路的

牡丹村里致富路（2017 年）

修路功德碑（2017 年）

历史。2011 年，由县政府出资，在明月山修建内槽公路，将牡丹村原龙华三社修建的 1 千米道路纳入并拓宽延长改造。内槽公路起自黄家湾，南至牡丹村一社大田湾，接入垫邻路，全长 5.1 千米。此后，通过多种方式规划修建公路 20 条，共 26.5 千米。村内交通形成网络。

石堡湾至龙华庙村社公路（2017 年）

农田水利项目——山地蓄水池（2017 年）

乡村便道改造 2001—2017 年，全村村社便民路、便民道实施硬化改造共 26 条，总长 25.5 千米。

农田水利设施 2011 年，牡丹村实施第三批中央财政小型农田水利重点县建设项目。该项目由重庆市水利局批准建设，分为 A、B、C 三个标段。其中，A 标段为百灵塘水源工程，后因天然气管道横跨百灵塘水库施工现场而未实施。B 标段为恺之峰牡丹基地两河口堰塘工程，工程占地 34.73 公顷，总投资 327.76 万元，其中重庆市补助 137.88 万元，县级补助 159.88 万元，乡镇补助 30 万元。C 标段为恺之峰牡丹基地引水灌溉工程，工程占地 120 公顷，总投资 189.3 万元，其中四川省和重庆市补助 101.50 万元，县级补助 77 万元。

2014 年，对牡丹湖堤坝进行病险整治，消除堤坝安全隐患。

通信 2017 年，牡丹村宽带、通信、广播电视入户率 95%。

水电气 2017 年，牡丹村公共供水系统集中供水率 85% 以上。定期开展村庄供水水质检测，合格率 90%。全村建压水井的村民占 5%。全村生产生活用电供电率 100%。全村用天然气作生活燃料的村民有 100 余户，建沼气池的村民有 25 户。在自家房顶安装太阳能热水器的村民占 30%。

太平湖景（一）（2017年）

牡丹新村民居（2017 年）

黄家湾新村（2017 年）

◉ 居民新村建设

牡丹新村 位于牡丹村四、五社。2011 年建成，占地 2670 平方米，建房 24 套，入住户数 24 户。水、电、交通、停车等设施齐备。2015 年，镇、村规划设计美丽新村院落，占地 8.56 公顷，入住 260 户、911 人。周围依山傍水，环境优美，交通便利。公共设施有村委会办公室、管理用房、文化活动室、图书馆、放心店、公厕、垃圾收集点、垃圾桶、路灯、卫生站、邮政储蓄代办点。

黄家湾新村 位于牡丹村三社。2000 年以后，随着恺之峰旅游业的发展，黄家湾的人居环境逐年得到改善，2003 年上半年，镇村统一安排，有 12 户村民按新农村民居标准修建房屋。2015 年，镇村统一设计规划建设美丽新村院落，占地 3.28 公顷，入住 117 户、410 人。2017 年，有 10 户村民根据原老宅院落进行房屋改建，其风格面貌各具特色。至 2017 年，已建有垃圾收集点、公厕各 4 处，设置垃圾桶 10 个，安装路灯 16 盏。

梅子坪新村 位于牡丹村二社，2015 年规划设计建设美丽新村院落，占地 5.16 公顷，入住 184 户、645 人。公共设施有管理用房、卫生站、文化活动室、图书馆、放心店、垃圾收集点、公厕、垃圾桶、路灯、招呼站。

◉ 生态建设

全国生态文化村创建 2002 年牡丹村开始深度开发牡丹园生态旅游业以来，重视培植绿色植被，保护生态环境。村委会通过制定环境卫生公约，督促农民自觉维护环境卫生。2004 年 7 月，牡丹村的牡丹生态旅游区通过国家旅游局验收，获“全国农业旅游示范点”称号。2007 年 8 月，被国家林业局命名为全国首批小康村。2012 年，牡丹园景区入选重庆市地理标志，牡丹花申报为名特优产品。2013 年，牡丹村被评为市级“美丽乡村”。2014 年 9 月，被中国生态文化协会授予“全国生态文化村”和“全国生态文化示范基地”称号。

生态家园活动 2017 年，牡丹村开展“康养生态家园”活动，配置专职干部 1 人，日常保洁员 7 人，添置垃圾收运箱 10 个、垃圾桶 40 个、手推车 7 辆，形成“农户清扫投放、村社督促保洁、镇清运收集、县转运处理”的农村垃圾治理模式。全村保洁路段 16 千米、河流溪沟 6 千米，水域面积清漂 20 余公顷。全年清理、转运陈旧性垃圾 251 处、11 吨，农村垃圾治理率 98%。全村 90% 家庭使用水冲式厕所，村内生活污水大部分接入镇污水处理厂，少部分采取沼气池、化粪池等方式收集处理，沼液、粪水作为有机肥还田。通过环境绿化、生活污水、生活垃圾有效治理，全村所有院落干净整洁，房前屋后环境良好。

牡丹散布山石间

旅游名胜

牡丹村钟灵毓秀，自然风光旖旎多姿，是垫江牡丹生态旅游区核心区域，与石相伴、与水相依、与自然相恋的山水牡丹旅游资源得天独厚，是渝东北旅游重要目的地。2000—2017 年，牡丹村依托山水牡丹这张文化名片，已连续举办 18 届牡丹节，每年接待游客 30 万人左右，在国内外享有较高的知名度和美誉度。

牡丹园大门（2017 年）

牡丹文化展览馆（2017 年）

景点景区

牡丹文化广场 位于牡丹村东部，华夏牡丹花海生态旅游区“国花门”与“太平湖”之间。多届牡丹文化节开幕式演出在牡丹文化广场举办。

牡丹文化展览馆 位于牡丹村东部，太平湖南侧。建于 2009 年，位于太平牡丹园牡丹阁二楼至三楼，面积约 200 平方米，分 3 个展室。二楼两侧及走廊为第一展室，陈列各级领导、工商企业界人士、牡丹专家学者到园区参观考察、文艺界人士到垫江演出及各种花形等照片近 150 幅，摆放优质牡丹盆花 100 盆。第二展室陈列牡丹园景区规划建设鸟瞰图和沙盘，以及友好单位赠品。第三展室陈列知名作家、书画家、艺术家、摄影家对垫江牡丹的歌、咏、赞、叹、摄影、绘画等作品约 200 件（幅）。前门有垫江籍书法家夏谔题联：“阁临翠湖看波光云影听禅院钟声寻芳百代文明地，山系明月妆雾鬓烟鬟增林泉雅韵揽胜千秋牡丹源。”

牡丹文化展览馆陈列的景区沙盘（2009 年）

牡丹文化展览馆书画展（2008 年）

太平湖 位于牡丹村东部。占地 11.13 公顷，正常水位面积约 9 公顷，最大水深 11.9 米。湖面呈新月形，湖的西面有 5 个大小不等的半岛伸入湖中，又称五指岛。岛上湖光山色，浑然一体。

太平湖景（二）（2008 年）

许东升 摄

百灵山（2008年）

百灵山 位于牡丹村四组，为明月山外山的衬山。百灵山上牡丹花呈立体栽植，花开时节，花团相簇，花叶相拥，百灵山腰嵌筑有“牡丹源”三个大字，字体覆盖面积800平方米，与自然景观相互融合，十分醒目。

天赐丹源石（2009年）

百灵山醉艳亭（2008年）

恺之峰 位于牡丹村三社，属明月山内槽，是牡丹园主景区之一。占地15公顷，是典型的喀斯特侵蚀型山峰，相传因顾恺之在此观花绘画之故，被后人命名为恺之峰。山上的“卧香亭”“醉花亭”都是为纪念顾恺之曾在此赏花而建。每年牡丹花开时节，游人如织，常有游客身着汉服，翩然游走于花丛中，宛然如画。

恺之峰护花神石（2008年）

恺之峰豹头石（2008年）

恺之峰（2008 年） 王世君 摄

雾锁恺之峰（2015 年） 熊大庆 摄

恺之峰卧香亭（2017 年）

公主岭饮艳亭（2008 年）

景区卫生设施（2017 年）

公主岭 位于恺之峰与楠竹山之间。占地 7.2 公顷，海拔高度约 750 ～ 800 米。该园区是传统药农种植牡丹区域，每年 3 ～ 4 月，鲜艳而硕大的牡丹花争相怒放，同恺之峰、百灵山、太平湖的牡丹景观呈梯级相映，呈现出多层次、多角度、多变化的自然美景。

精品牡丹园 位于太平湖西岸。园内引进种植太阳、花王、海黄、黑豹等 46 个品种的观赏牡丹，还有景区嫁接培育的华夏红等品种。

楠竹山

位于牡丹村西部。海拔 1000 米左右，最高点海拔 1099 米。山上有约 40 公顷茂密的楠竹林。《中国国家人文地理 · 垫江》称 ："楠竹山森林公园以奇、险、秀、幽、古著称。奇在奇松怪石 ：老松虬曲，苍古翠盖，如老者垂钓，金猴探月，躬腰迎宾 ；怪石嶙峋，形态万千，似情人私语，望夫思归，老少对弈。险在崖如斧劈，峰似刀削，山路如蛇，视之心怵胆惕，攀之有惊无险。秀在楠竹挺拔苍翠，山花烂漫，色彩缤纷，红叶如火，草色如诗，冬天白雪皑皑，银装素裹，分外妖娆。幽在丛林深深，曲径通幽，峰回路转，柳暗花明，惊喜扑面，饶有情趣。古在古道悠悠，历史文化积淀丰厚。”

楠竹山森林公园（2017年）

楠竹山主要景观有：

楠竹林海 位于楠竹山南部。约有 40 公顷的竹海，覆盖率达 95% 以上，常年平均气温 18℃，最低气温 -5℃，夏季凉爽，冬季雪景迷人。

登山步道 连接楠竹山山脚到山顶的步行通道，全长 2.5 千米，宽 1.6 米，海拔 750 ~ 1100 米，步道上接青翠竹林，下连牡丹花海。该步道沿途设置有休息台、观景台、观景广场，可观赏山谷、岩壁、楠竹等自然风光，观景台上万亩牡丹花海尽收眼底，是观赏牡丹园全景的最佳位置。

楠竹山氧吧 位于楠竹山西部山脊。是楠竹山景区内主要接待区域，设置有住宿、特色餐饮、冷饮酒吧、茶室棋牌、树林吊床等，特色美食有竹笋鸡、烤全羊等。

竹山冬雪（2017 年）

翠竹摇曳（2010 年）

楠竹山便道（2016 年）

太平禅院（2010 年）

太平禅院大雄宝殿（2018 年）

太平寺 位于牡丹村百灵山西北侧。亦称太平禅院。始建于明清时期，2004 年重建。占地 2 公顷，建筑面积 1.2 万平方米。其中，大雄宝殿占地 4320 平方米，总高 28 米。

古寨

分布在牡丹村东部沿明月山外山的锯齿状山峰上，有松花寨、三星寨、镇子寨、兴隆寨等。

松花寨寨门（2019 年）

松花寨 位于太平湖五指岛西部，有三峰相连若笔架，最高峰海拔 800 米。两侧为悬崖绝壁，山顶有平地。南北相距约 1000 米，东西相距约 100 米。山寨为明末时期当地村民为避战乱而建，初为土筑寨墙，墙内围地约 2000 余平方米。清咸丰年间（1851—1861），当地绅士又集资捐款，将土垣之墙改建为石寨墙，勒石于松花之峰，以石垒寨门。现残存部分寨墙及寨门。

三星寨寨墙（2017 年）

三星寨 位于牡丹村三组恺之峰牡丹文化广场之东，最高峰海拔 800 米，山形若老鸹。三星寨北端是大河沟深谷悬崖，南接老鸹寨，与老鸹寨似连而分，南北相距约 500 米。山脊平地，宽处约 20 米，窄处仅数米，地势险要，易守难攻。三星寨建于清嘉庆三年（1798），当地村民以土垒墙，以茅草棚避雨，躲避战乱。道光十八年（1838），村民以乱石垒砌寨墙、寨门。咸丰二年（1852），由乡绅组织捐款筹劳，开始就地开采条石垒砌石墙，费时近 5 年而成。石砌寨墙长约 1000 米，四周修建寨门 6 个。现残存部分寨墙、寨门及部分石刻。

三星寨石刻。相传里面供奉的菩萨是明清时期移民从故乡背来的（2017 年）

新建镇子寨山门（2017 年）

镇子寨 原名大成寨，重建时因邻近山峰镇子坡而更名镇子寨。位于牡丹村二组东边，北临老鸹寨，南望兴隆寨。有南北两座寨门。自寨顶往东为悬崖峭壁，易守难攻。寨顶是山脊，南北长约 500 余米，宽约 10 米。寨顶与镇子坡之间相距约 60 米。镇子寨建于明末清初，清咸丰年间（1851—1861）由绅士牵头筹资加固。2000 年以后，牡丹村村民为开发旅游，新建镇子寨木栅栏山门。山寨遗址下方，是沪蓉高速公路明月山隧道出口。现残存部分寨墙及寨门。

兴隆寨题刻（2019年）

兴隆寨 位于牡丹村一组东部，修建在一座独立山峰之上。东接群力村，南临老黄沟河沟，北临蒋家沟河沟，两侧均为悬崖峭壁。山峰海拔 800 米，相对高差约 200 米。清咸丰初年，地方绅士联合民众垒石建寨，至咸丰七年（1857）春夏月建成，历时 6 年。因祈愿山寨庇佑苍生，兴旺一方，故名兴隆寨。现残存部分寨墙，寨门较为完好。

兴隆寨寨门（2019年）

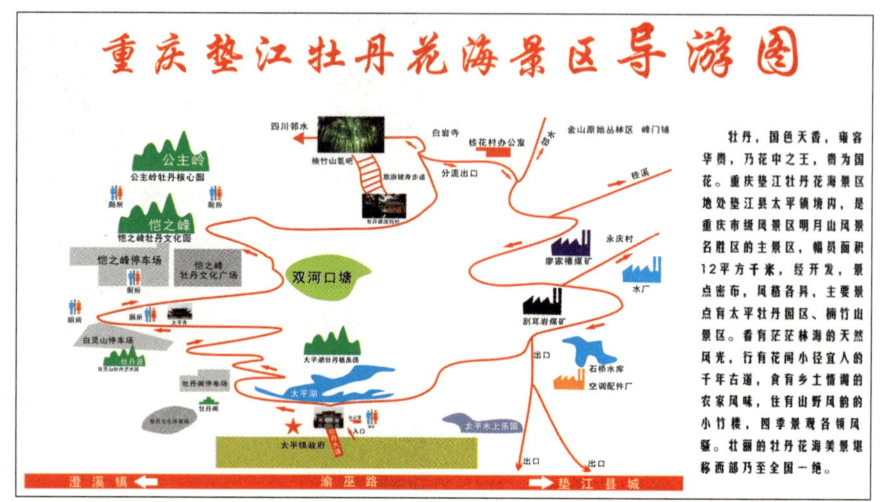

重庆垫江牡丹花海景区导游图（2002年）

旅游线路

牡丹旅游线路 牡丹园主要有3条旅游线路：主入口由太平镇牡丹大道往西至牡丹园大门，至太平湖大坝至牡丹阁停车场再往西上衬山至百灵山牡丹景区，至太平寺往西进入内槽至恺之峰牡丹文化广场及恺之峰、公主岭等牡丹旅游核心景区；由垫江澄溪镇往北至太平镇群力村的马峡口入省道垫邻路，往西上衬山至水泥厂至龙华庙进入牡丹园旅游景区次入口往北至恺之峰牡丹文化广场；由四川邻水县石滓镇往东上中成寨，翻越明月山入省道垫邻路，下山往北至龙华庙至太平牡丹园次入口到恺之峰牡丹文化广场。

游客可根据季节，选择不同旅游线路。

楠竹山旅游线路 以太平镇集镇为出发地，沿太楠路至楠竹山。沿途主要景观有太平湖、百灵山、太平寺、牡丹园、楠竹山。

旅游服务

交通 牡丹村有四条公路进入太平牡丹园景区：太（平）楠（竹山）路，起自太平镇牡丹大道，经牡丹园大门往西上太平寺、恺之峰牡丹文化广场，右上山至楠竹山森林公园；垫江县明月山内槽公路往南至恺之峰牡丹文化广场；省道垫邻路至龙华庙往北至恺之峰牡丹文化广场。

醉在牡丹花海中（2006年）

为牡丹点赞（2008年）

游人如织（2008年）

牡丹切花（2016 年）

售卖牡丹花蛋糕（2018 年）

牡丹节旅游商品——重庆名牌食品赵牛肉（2008 年）

牡丹节旅游商品——垫江特产咂酒（2012 年）

导游 各旅游公司均配备有景区导游，负责游客食宿接待和景区游览引导，以及景点、景观介绍。

购物 主要有牡丹盆花、药用丹皮、土鸡、鸭蛋、牡丹花蛋糕、牡丹饼、干野菜等农产品。

旅游设施

桂竹公寓 位于楠竹山森林公园，1998 年开业，占地 36.67 公顷，是公园主要的餐饮娱乐接待中心。公寓按二星级宾馆标准建设，有套房、标准间、商务套房、普通单间 179 间，可接纳 350 余人住宿，可接待团队、散客、会议及高、中、低档酒席、宴会等。

露营台 2013 年，开发商将楠竹林中的一片杂树林，建成露营台，面积 860 多平方米，有休闲茶吧、露天唱歌和跳舞场地、儿童乐园、帐篷；特色食品有烤全羊、药膳羊、竹笋鸡、芋儿鸡等；有标准间 8 间，中档住房 4 间，高档住宿 4 个套间。可接待 120 人吃、住、玩、娱乐及会议。

楠竹山桂竹公寓（2018 年）

楠竹山露营台（2018 年）

宿营竹棚（2010年）

农家乐（2013年）

农家乐 2000 年，太平镇开始在龙华山恺之峰、百灵山开辟牡丹观赏旅游区，龙华村响应镇政府的号召，开发观赏旅游业，开办农家乐，提供餐饮与休闲服务。2000—2017 年，牡丹村有农家乐 10 余家，接待市内外游客近 100 万人次。

农家饭（2013年）

摆蒸菜（2010年）

农家乐腊猪头（2017年）

农家乐腊货（2016年）

2017 年牡丹村农家乐一览表

表 3

名称	规模	特色菜品	接待能力
牡丹源仕福农家乐	建筑面积 200 平方米，楼房 4 层	腊肉、香葱回锅肉	就餐 80 人，住宿 20 人
老牌龙华春农家乐	占地 150 平方米，楼房 2 层	山水豆花、丹皮鸡	就餐 120 人，住宿 30 人
馨香阁农家乐	占地 150 平方米，楼房 4 层	猪蹄、牡丹鸡	就餐 160 人，住宿 30 人
正中农家乐	占地 150 平方米，楼房 2 层	腊肉、排骨	就餐 160 人
兄弟农家乐	占地 150 平方米，楼房 2 层	香姑鸡、豆花	就餐 200 人
清强河水豆花	占地 200 平方米，楼房 4 层	河水豆花系列菜	就餐 320 人，住宿 60 人
沉香阁农家乐	占地 200 平方米，楼房 2 层	腊肉、排骨	就餐 320 人
清亮农家乐	占地 200 平方米，楼房 2 层	烧白、粉蒸排骨	就餐 120 人
远达农家乐	占地 200 平方米	腊肉、烧白	就餐 120 人
德慧农家乐	占地 200 平方米，楼房 3 层	腊肉、粉蒸排骨	就餐 200 人
太平湖边农家乐	占地 300 平方米，楼房 3 层	丹皮鸡、干咸菜回锅肉	就餐 360 人
孝文农家林	占地 300 平方米	粉蒸系列菜、干咸菜回锅肉	就餐 360 人

风土民情

牡丹村村民长期生活在大山密林之中，普遍崇尚自然、尊重生命，形成和保存了许多古老、淳朴的岁时节俗、传统风俗、民俗礼仪、民间艺术、美食小吃，也形成了具有地域特点的方言土语。

许多民间艺术如玩龙灯、旱船、打钱棍等，以及送灶神、偷青、走人户、送祝米等风俗至今都还保存完好，原汁原味。特别是开山号子、春牛舞、石磨豆花、咂酒还被列入了重庆市非物质文化遗产名录。

◉ 美食小吃

腊味 腊味是牡丹村老百姓喜爱的传统食品之一，也是亲友间相互馈赠的佳品，有悠久的历史。在牡丹村旧时有“冬至大如年”的说法，每年一过冬至，家家户户便开始杀年猪，制办腊味。除了传统的腊肉、腊肠以外，还会把猪头、猪舌、猪肝、猪心、猪蹄等制作成风味可口的腊味，成为春节期间老百姓餐桌上一道道乡土气息浓郁的地方传统美食。用牡丹村农家自己腌制的腊排骨配上风干的萝卜干，用柴火慢炖。腊排骨的香配上萝卜的甘甜，汤鲜四溢。

酥肉 是牡丹村的一道传统特色小吃，具有香酥、嫩滑、爽口的特点。先把选好的精肉切成条块，拌上鸡蛋、淀粉、料酒腌制20分钟，入油过火后，下锅慢蒸，蒸透备用。在牡丹村吃酥肉也很有特色，除了作为日常小吃上桌外，同时，还将酥肉与木耳、豆腐、青菜等佐料按工序搭配组合做成风味可口的酥肉汤。

扣肉 用猪肉制成，是牡丹村当地宴席的一道必备菜肴，在当地被老百姓叫作烧白。扣肉的“扣”，是指食用前将菜肴翻扣于碗盘中的动作。其色泽金黄，香气扑鼻，清甜爽口，不寒不燥不湿不热，久负盛名。在当地，扣肉又分为咸扣肉和甜扣肉两种，咸扣肉是用精选的五花肉过水煮制八分熟后，捞起抹上自制的甜面酱，再下锅用热油炸肉皮，然后用清水浸泡，再将五花肉切成片状佐以渣海椒或者芽菜，淋上调料上蒸笼蒸熟。甜扣肉制作方法与咸扣肉一样，只是在切片时略比咸扣肉厚，中间还会切开一刀夹上豆沙，碗底佐以糯米。在牡丹村咸扣肉一般叫烧白，甜扣肉则叫喜沙。旧时结婚嫁女、生长满日、老人归山等红白喜事的宴席上，烧白和喜沙是必不可少的菜肴。

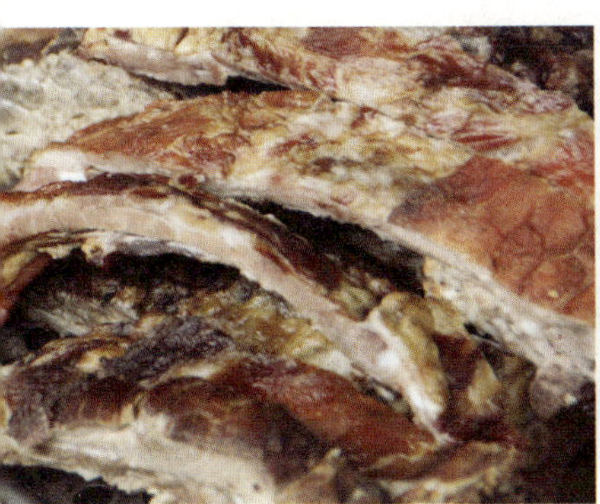
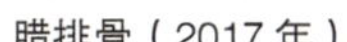

腊排骨（2017年）

熏腊肉（2011年）　　邬建乔　摄

扣肉（2017年）

粉蒸 是牡丹村一道常见于宴席的菜肴，也叫笼笼。其主料是猪肉、牛肉、羊肉等，加米面和调料拌匀，蒸制而成，是一道老少咸宜的风味小吃。

高山羊肉 以楠竹山内自养山羊为食材进行烤制；或者以药材和羊肉相配，通过精心调制烹饪，鲜美可口。

竹笋鸡 用楠竹山竹笋与自养土鸡闷炖，笋香清脆，肉嫩不腻，是牡丹村一道季节性美食。

咂酒 古称筒酒、咂嘛酒、钩藤酒、竿儿酒等，因其用竹管咂饮而得名，是一种流传于牡丹村的古老酿造酒。酒的度数在 15 度上下，属低度酒。咂酒富含多种氨基酸，具有促进新陈代谢、舒筋活血、健脾开胃的作用，又是一种绿色饮品。村民以高粱为原料，煮熟后拌上酒曲放入坛内，以草覆盖酿成。饮时，先向坛中注入开水或清水，再用细竹管吸饮。亲朋贵客来后，大家轮流吸饮，吸完再添水，直到味淡方止。

刺梨酒 将牡丹村当地山间生长的刺梨加入冰糖等泡在白酒中制成，酒呈棕红色，散发出诱人的浓郁清香，也叫糖盖儿酒。

石磨豆花 是牡丹村一种有着悠久历史的美食。村民用当地盛产的阴嘴黄豆磨成豆浆，再用盐卤点制而成。色泽乳白、絮状如花、绵软滑嫩、窖水回甜、入口留香，村民常用于自食和待客。

醪糟 是一种酿造米酒，又叫甜酒，旧时叫“醴”，是牡丹村的特色传统小吃。将本地自产的糯米（又称江米）用木甑子蒸熟，再加上酒曲发酵而成。因其酿制工艺简单，口味香甜醇美，乙醇含量极少，深受村民喜爱。

饮咂酒（2009 年）
吴建国　摄

刺梨酒（2017 年）
李克忠　摄

磨豆浆（2009 年）

包包咸菜（2010年）

老咸菜 又称包包咸菜、干咸菜。牡丹村村民用当地盛产的榨菜等，经过清洗、晾晒、刀切、拌料、密封发酵等步骤制作而成，醇香可口，风味独特，常用于佐餐。村民还常常用老咸菜为佐料，与面条和煎鸡蛋一起同锅煮成老咸菜鸡蛋面，用于妇女坐月子时催奶，因此也叫“月母子面”。

渣海椒 不仅是牡丹村而且还是中国西南地区一种特产。选适量红辣椒洗净，然后用菜刀或是其他工具碾碎，放入盐、生姜、少许大蒜等佐料。再将玉米粉或者米粉放进辣椒里搅拌均匀。玉米粉与辣椒的比例在 1∶0.7 左右，可以根据自己的喜好调整，最后在放陶瓷的坛子里腌制至少一周，有一股酸酸的味道后方可。在当地渣海椒常佐以回锅肉或者扣肉一起烹制。

泡菜 也叫泡咸菜，是牡丹村家家必备的一种咸菜。旧时，百姓为长时间存放蔬菜，将蔬菜放置在陶缸中用盐水浸泡，发酵后成为泡菜。一般来说，只要是纤维丰富的蔬菜或水果，都可以被制成泡菜，如卷心菜、大白菜、红萝卜、白萝卜、大蒜、青葱、小黄瓜、洋葱、高丽菜等。是当地常见的一种配菜。

牡丹茶 李时珍《本草纲目》载：“牡丹，又名百两金、百两草、鼠姑、鼠妇虫、木芍药、赤芍药”，“牡丹，忌蒜、胡荽、伏砒，畏菟丝子、贝母、大黄，妊娠禁忌牡丹皮。”清代杨友敬《本草经解要》载：“牡丹，一名鹿韭，一名鼠姑，味辛寒，生山谷，治寒症、伤中风、凉邪、安五脏。出巴郡。”据统计，含丹皮的中药方已有 180 余方。牡丹村以丹皮为配料，开发研制出丹夏菊花茶、丹桑菊花茶、丹栀淮白茶、丹草山何茶、丹鲜栀子茶、丹鳖青生茶 6 个系列牡丹茶品。

丹乡牛肉 牡丹村村民卤牛肉时在卤料中添加适量丹皮，从而创制出风味独特的“丹乡牛肉”。“丹乡牛肉”系列共有7个品种，均以牡丹村的牡丹品种命名：牛肉片名为“太平红”，牛鞭名为“长康乐”，牛肚名为“鼠姑房”，牛肝名为“醉鹿韭”，牛心名为“龙华春”，牛肉丝名为“二乔丝”，牛蹄筋名为“白玉筋”。

◉ 生活习俗

喝刨汤 也叫杀年猪、吃刨猪汤，是牡丹村农户一年一度的“杀年猪，迎新年”的民俗活动。村民们在每年冬至之后的腊月里，家家户户都要宰杀自养的肥猪，用来腌制腊肉。杀猪之时，用热气尚存的新鲜猪肉、猪血、内脏等做成菜肴，用来酬谢杀猪匠和款待客人，称为“喝刨汤”。

偷青 每年正月十五夜，青年男女相约偷菜的一种民俗活动。在牡丹村传承已经有上千年。偷菜时若是碰上称心人，就可以叫回家一起分享偷来的菜，如果愿意一起吃菜就表示愿意正式交往。相传这天偷来的菜吃了可祛百病，若是讨来主人的“臭骂”则更是吉利。所以这天农民不会骂偷菜人，有说法“臭骂别人，自己倒霉”，而且偷菜有“偷财”“讨彩头”之寓。

◉ 岁时节俗

春节 每年除夕到正月十五，在牡丹村当地俗称“过年”。除夕日，挂檐灯、贴春联、请门神，中午先祭祀祖先，然后将祭祀过祖先的酒菜摆上桌，阖家吃团年饭。晚上阖家围坐，长辈发压岁钱，畅叙家常、通宵达旦，称之守岁。正月初一凌晨，爆竹声中烧子时香，然后接银水（即出外挑水）。早餐吃汤圆，预示团圆。早饭后，阖家整肃衣冠，择吉向出行，给尊长拜年后，全家老少相约祭扫祖坟，路遇亲友要互相祝福。青年男女则相约场镇观光看热闹，称赛宝会。初二开始“玩狮子”，然后走人户拜访亲友。初九也叫上九，开始“玩龙灯”，直到正月十五元宵节止。中华人民共和国成立后，春节期间除保留一些健康的传统习俗外，还广泛开展拥军优属、访贫问苦，以及文娱体育表演等活动。

元宵节 又称上元节、小正月、元夕或灯节，是春节之后的第一个重要节日，是牡丹村的传统节日之一。元宵节当天在牡丹村有“送龙上天”“偷青”等传统习俗，还有给多年不育的夫妇送檐灯，祝福早生贵子的习俗。

清明节 又叫踏青节，在仲春与暮春之交。旧时，牡丹村的民间家家都会在清明节带领家族子弟准备香烛、祭品祭扫祖坟，还会在坟头插上用白纸和五色纸制作的清明吊。每个姓氏还会聚集到祠堂集会祭祀祖先，然后一起聚餐，叫“吃清明会”。另外民间还有吃清明粑的习俗，即采摘一种叫清明菜（鼠曲草嫩叶）的野菜，拌和米面或者玉米面做成粑，蒸熟后吃。

端午节 每年农历五月初五为端午节。牡丹村家家户户都有包粽子、喝雄黄酒、门前悬挂菖蒲和艾草辟邪的习俗。牡丹村民洒雄黄酒和煮粽子的水在屋子周围，用百草给小儿洗澡，用彩布做成猴子的饰品挂在小儿胸前，以此消灾祛病。民间还有女婿走岳父家送礼，以及亲友礼尚往来的传统。

中秋节 又称团圆节、仲秋节、拜月节。牡丹村有早上吃糍粑，晚上守月华，以及偷瓜送子等传统习俗。

重阳节 又称重九节、晒秋节。牡丹村重阳这天所有亲人都要一起登高“避灾”。

腊八节 俗称“腊八”，即农历十二月初八，牡丹村旧时有祭祀祖先和神灵，祈求丰收吉祥的传统，以及喝腊八粥的习俗。

送灶神 牡丹村旧时有“腊月二十三，灶王要上天。上天言好事，下地保平安”的民谣。这天家庭主妇会准备香烛、纸钱、糖果、糕点祭祀灶王。糖果是必不可少的供品，寓意灶王吃了糖果上天说好话，会给主家带来吉祥。

打糍粑（2006 年） 邬建乔 摄

民间礼仪

拜年 牡丹村流传一个顺口溜：“二十三灶王老爷要上天，二十四打扫阳尘办年事，二十五家家户户跳年舞，二十六家家开始吃腊肉，二十七开办团年席，二十八糯米打粑粑，二十九个个都要喝年酒，三十天守岁过年关，大年初一天拱手拜新年。”牡丹村村民一直保持着每年春节向家里的长辈、亲友们拜年的传统习俗。正月初一早晨，家中晚辈起床后都要向长辈拜年，长辈受“拜”之后，通常都会发给晚辈装满压岁钱的大红包；出门之后，人人面带笑容，为街坊四邻送上祝福；选择合适的时间登门拜访亲朋好友，然后相邀一起畅谈、娱乐。

走人户　即走亲访友，在牡丹村及其附近地方凡遇年节或婚嫁、新居落成等情况，都要到亲戚家串门探望。旧时，一般要带“礼信”。“礼信”，是当地的方言俚语，可以理解为礼节性的礼物，如猪肉、点心、酒、面条、糖果等，穿上平时舍不得穿的衣服前往。主人家也会割肉买酒，热情款待。春节期间，牡丹村有从正月初二开始走人户的习俗，一直会持续到正月十五元宵节。

回门　书面语称作归宁，是牡丹村保存悠久的传统民间习俗。牡丹村及附近村民都有回门这一习俗，女子出嫁后的第二天会和新婚丈夫一起回娘家探亲。这天，女子和新婚丈夫会由表兄弟帮忙带上提前给女方家长辈准备的礼物回娘家，娘家人也会摆回门酒和家族至亲一起请新女婿，新女婿会在妻子的介绍下一一给女方长辈分送礼物，女方长辈也会给新女婿“打发钱”，即红包。吃完饭后，新婚夫妇会立马赶回婆家，据说要听到婆婆妈洗碗的声音才吉利。

送祝米　按照乡俗，牡丹村凡出嫁的姑娘生孩子以后，娘家要“送祝米”。在孩子出生后，其父亲或家人赶紧带上礼物去岳父母家报喜，岳父母家再约定日子，邀集一些亲友挑着喜物前往女婿家祝贺，称为“送祝米”。所谓“男家不报喜，女家无祝米”。送祝米的喜物和礼仪，往往因地而异。在牡丹村，去岳父母家报喜多半送鸡。岳父母只要看看来人带来报喜的是公鸡或者母鸡，就知道女儿生的是男孩或女孩。回礼则一概送母鸡和鸡蛋，还有摇篮背裙和小孩的衣物等，有的给产妇补养身体，有的则供抚育婴儿。在牡丹村“送祝米”的人以女客为主，大半是产妇的姐妹和婶、姨、侄女等；成年男客只能充当“挑夫”，有“男不吃祝米酒”的习俗。

拜师　在牡丹村旧时学手艺都会举行拜师仪式，这一民间习俗一直流传至今。拜师当天，徒弟要持礼品和中人一起到师傅家，然后由中人执笔在红布上写下拜师帖，再举行三叩九拜的拜师大礼。拜师礼毕，再由师傅引领拜行业祖师，并一一介绍师兄等。各行各业的拜师礼仪程序大同小异。

三献礼　是牡丹村的一种丧葬祭典，因由宋代朱熹首倡，又称文忠公家祭礼，后逐渐推而广之。牡丹村的百姓在沿用三献礼时，作了一些改进和变通，形成具有一定地域特色的丧葬文化。三献礼的程序是固定的，所谓三献，是指在葬祭礼仪中由丧者亲属履行的大致重复的三遍仪式，即一献（初献）、二献（亚献）、三献，之后即撤场，并开始举行客祭。

一献（初献）共分 6 步，其仪程如下：

行此礼前由礼生[①] 推出通赞、引赞各一名。

第一步，由通赞领：肃静，内外肃静，孝子慎终，举行文忠公家祭礼。执香者捧香，执烛者捧烛，执帛者捧帛，执馔者捧馔，执爵者捧爵。

第二步，通赞曰：堂内请设香案位、迎神所、盥洗所、成服所、酒樽所、歌诗台、读祝台、讲书堂、读礼堂。

门外设升炮台、击鼓楼、鸣金院、奏乐厅、金鼓乐合奏所。若死于外处，另设伫阶所、瞭望所。

第三步，辟户，启帏，排班，序立，出帏[②]。

第四步，到盥洗所濯水、授巾。到成服所变服、散发、披麻、加冠、系韬、纳履、执杖。同礼生一起到迎神所迎神、安神、参神，献香、献烛、献馔、献爵。

第五步，通赞喊：引赞者，引孝子孝孙左手拈香、右手捧帛，以香、以帛、以馔、以爵，初至酒樽所前行酒樽礼[③]。

第六步，献酒毕，通赞又以到樽所的规矩到灵位前读祭文，这是三献礼中的重点。同时，还唱读祝诗、哀诗、思亲诗、儿泪诗、咏儿诗、歌挽诗、告利成、观钻词，背孝经、圣经，讲书，读礼，亦可选咏有教育意义的孝子歌、岁兮、月令诗、好贤者叹噫嘻等。

二献、三献仿一献步骤举行，形式和内容都大同小异。三献将结束时，把一献的设置全部撤除焚尽，谓之撤场。

在三献礼中，较常用的诗、词、赋，主要有以下内容：

辟户诗：我父辞世好惨然，孤儿辟户出堂前。今日祭礼堂前献，思想吾父泪涟涟。

排班诗：跻跻跄跄列两旁，中规中矩中冠裳。堂上举行文公礼，诗词歌赋咏孝堂。

序立诗：孝士序立出孝房，各方神位各上香，堂前成服设家祭，聊报亲恩何日忘。

---

① 礼生：祭礼歌手，带有一定职业性。

② 出帏：指孝家到灵堂来。

③ 酒樽礼：向亡人献酒。

出帏诗：孝子孝孙出堂前，各路神香已点燃。今日举行文公礼，报答吾父到九泉。

盥洗诗：水在盆中涟且漪，执中手上缟而戚。焚香盥洗明其洁，冀我吾父来格兮。

濯水诗：洪波滔滔翻盆池，濯水盥洗明孝思。内洁心灵外洁体，奉敬文公行礼仪。

授巾诗：今日授巾多伤心，思念吾父养育恩。我亲去世黄泉路，从此一去两离分。

成服诗：身穿素服把服成，留恩赐礼孝家门。而今孤儿来祭奠，唯望我父驾来临。

变服诗：冠不纯来服变凶，草履缟带杖取筒。严亲见背宁可躬，即位儿哭哀痛穹。

散发诗：散发低头泪两行，我父一梦入黄粱。各走各路各来往，相会除非梦一场。

披麻诗：头戴麻冠泪淋淋，吾父一去不还魂，儿孙今日行祭礼，哀声震动孝家门。

加冠诗：加冠盖顶身披麻，散发忧容似落花。花落枝头枝复发，灵前儿女哭天涯。

系韬诗：谷草本是田中生，天地生来养凡民。我父在生依为用，殁后着体表寸心。

纳履诗：纳履足登痛父亡，孝鞋踏破异寻常。只因大事今当后，故尔哀声恨夕阳。

执杖诗：手执竹杖哭哀哀，我父辞世不回来。满堂大小皆号泣，严亲一梦赴瑶台。

迎神诗：神在西北显威灵，听之无声视无形。孝子虔诚三叩首，驾鹤瑶台速来临。

安神诗：考庭夫子朱文公，今日还请到堂中。俯伏叩首安慰您，安安稳稳鉴慎终。

参神诗：神在西此至考亭，古考留传到而今。只能忠孝为根本，礼行三献准人情。

初献诗：礼行初献初化财，珍馐美味献灵台。以后要见吾亲面，相会除非梦中来。

焚香诗：香烟袅袅炉内焚，广行祭礼服亲恩。泣泪滴湿灵堂上，哀声震动棺内魂。

献烛诗：烛影明灯照灵台，只冀吾父降临来。今日不见我父面，儿跪灵前哭哀哀。

献帛诗：玉帛冥钱数万财，频入火焚献灵台。珍藏什袭如珍宝，散成纸灰片飞来。

献馔诗：鞠躬堂前忆亲容，愧无珍馐设席中。虔备佳肴为祭品，遵行祭礼效文公。

献爵诗：生寄死归无圣贤，灵丧奠祭各分然。人生有酒虽当醉，一滴何曾在九泉。

酒樽诗：杜康所造醇甜酒，李白常饮竹叶青。君王有酒敬天地，孝家将酒敬父魂。

酒樽赋：酒气芬芳，酒味醇良；造之仪狄，沿于杜康；吉士饮之而慎语，庶民饮之而凶狂；李白仙才一斗，诗成百首，张颠草圣三杯，字写千行；孝士养亲之腆，则介我眉寿，良民祭祖之堂，则称被儿觥；忆昔日老夫犹存，殿下献斑衣之舞，当今者严父不在，灵前奠素服之觞。

读祝诗：一张白纸白如银，难写我父一生平。生前未报劬劳德，殁后焚香告以诚。

哀思诗：哀思苦来哀思苦，想起生前我的父。羔羊喂子知跪乳，乌鸦方能晓反哺。堪叹禽兽且如是，岂可人而不如物。哀思苦来哀思苦。

思亲诗：子愿亲兮寿百秋，于偏谁想梦庄周。对陈簠簋难开口，日献珍馐不点头。哭来哭去何日止，则悲则哀几时休。不思恩爱儿和女，歌唱阳着仙舟。

思亲赋：当奠祭之初兴兮，实哀情之甫创。怀父德而欷歔兮，思父恩而惆怅。特家有道兮，夙具情深。教子多方兮，空遗厚望。欲返魂而术兮，泪洒庭前。思入梦之有缘兮，泪流枕上。我辰安在兮，叹道天涯无知。我罪伊何兮，竟使高堂失养。

儿泪诗：儿泪沾襟，父恩海深。生我育我，如玉如金。至情至爱，抚养殷勤。而今分别，刀割肝心。

儿泪词：儿泪涟，跪灵前，风木生悲恨终天。初上香，献帛钱，献馔奠酒冀父还。冀父还慰儿怀，彼苍复不假以年。心难尽，泪干，自此幽冥两挂牵。

挽亲诗：严亲一梦入南柯，哀声怨慕恨如何。生前未报劬劳德，殁后枉然咏蓼莪。门前几阵催花雨，恰似孤儿泪点多。焚香空载铭旌柩，泣血流成北海波。

告利成词：利成利成，利养成人。耕才千昌，读者成名。

尊长者观钴词：尔等前来，吾与尔言，尔父临终有言，命我代言，尔读尔书，尔耕尔田，勤劳返本，报答为先。吾自去后，子子孙孙，瓜瓞绵绵。

◉ 民间文艺

号子

开山号子与抬工号子是流传在牡丹村境内伴随劳动而产生的古老民歌。

开山号子 产生于开山打石的劳动过程中，为调节呼吸节奏，释放身体负重的压

开山破石（2006 年）

抬工抬石（2009 年）

力，劳动者常常发出吆喝或呼叫声，号子悠扬豪迈、坚实有力。

抬工号子 是和劳动节奏密切配合的民歌，具有指挥与协调集体负重的实际功用，形成历史悠久。抬工队伍以喊号子统一行动，协调步伐。由方言唱出的抬工号子具有原生态的民间音乐的特点，高亢嘹亮，幽默诙谐，句式整齐，音韵协调，粗犷豪放，节奏强烈，旋律变化不大，此起彼伏。

前头踩路边，后头踩路隙，
大家小心点，免得说休闲。

太阳落坡满山黄，老虎下山咬猪羊。
百猪百羊都咬过，莫咬奴家放牛郎。

情妹当门一口塘，情妹开门洗衣裳，
双脚跪在石头上，情妹抬头望小郎。

太阳落坡阴过院，一对野鸡飞上山，
白天又怕枪来打，夜晚又怕火烧山。

肚子饿啦像个瓢，提起裤儿往屋逃，
问妹逃的是啥子，灶里还有耙红苕。

玩龙灯 是牡丹村节庆活动的主要文娱形式。每逢节日，便有村民扎制龙灯走村串户，增加节日喜庆，预祝来年丰收、日子红火。

春牛舞 也叫牦牛舞、玩牦牛，是牡丹村民间独具特色的传统娱乐活动，这与远古时期的图腾崇拜有关，有祈求风调雨顺、四季丰收的寓意。春牛舞究竟从何时开始，已无籍查考。春牛舞从扎制牦牛到舞蹈演练，集民间手工工艺、舞蹈、音乐、美术为一体，是一种综合艺术。春牛舞，多在春节的锣花会时出现，一般在正月或喜庆节日，与龙灯一起表演。每遇龙灯、牦牛演出，都有专人报信，吹号、敲锣、打鼓、放鞭炮，热烈非凡，示意吉祥降临。人们以玩牦牛避邪，以求平安，并在敬神祭祖时，以玩牦牛的习俗寄托丰收、太平的良好愿望。

旱船 也叫“车幺妹”，是牡丹村春节民间表演艺术形式之一，是一种模拟水中行

玩龙灯（2007 年）　　邬建乔　摄

船的民间舞蹈。“旱船”是依照船的外观形状制成的木架子，在这种船形木架周围，缀上绘有水纹的棉布裙或是海蓝色的棉布裙。在船的上面，装饰以红绸、纸花等。“旱船”，自然是陆地上的船，表演时一般需要 10 人左右，其中乘船者 1 人，多是姑娘、媳妇，也就是“车幺妹”，另外有艄公、花公子以及旁边打着金钱棍帮腔的 6 ~ 10 人。

嘟嘟唔　是一种竹制乐器，吹奏嘟嘟唔是牡丹村村民劳作之余的一种娱乐形式。嘟嘟唔制作方法十分简单，原材料也随处可取。将新鲜的竹子削成若干段，然后按照由大到小依次将竹节衔接起来，制成一个喇叭状的竹筒，在嘴含之处挖一个弯曲的缺孔，以方便吹奏者控制气息吞吐，掌握吹奏速度。嘟嘟唔只能吹奏出几个音调，音质浑厚。由

跑旱船（2007 年）　　邬建乔　摄

吹奏嘟嘟唔（2007 年）　　吴建国　摄

于嘟嘟唔易做易学，无论大人孩子，在闲暇之时都可以砍一根竹子，做一个嘟嘟唔。

坝坝舞 又叫自由舞，是广场舞的一种，是百姓锻炼身体、自娱自乐的一种新型集体舞蹈，包括健身舞、团体操、街舞等舞蹈元素。因表演和练习场地常选在广场或者开阔地坝，所以俗称坝坝舞。牡丹村的中老年妇女，注重锻炼身体，晚饭后的时间，常在牡丹文化广场、恺之峰牡丹文化广场等地跳坝坝舞。

打钱棍 又称花棍、霸王鞭、金钱棍、柳连柳、连厢等，是流传在牡丹村的一种传统表演艺术。因表演者使用的道具是用铜钱和竹棍制作而得名。钱棍由 1 米长竹棍穿上 24 颗麻钱做成，表演时以钱棍敲打身体各部位，发出悦耳的响声，节奏感强。表演的人越多，场面越壮观。钱棍舞跳起来有利于灵活性和协调性的提高，牡丹村中的中老年人也乐于开展此项活动。每年牡丹节期间，杜丹村组织人员或在镇政府门前的广场，或在牡丹文化广场，或在恺之峰牡丹文化广场，或在景区表演打钱棍。

耍锣鼓 “湖广填四川”时期，锣鼓逐渐进入牡丹村。耍锣鼓又名三人锣鼓，也是牡丹村民娱乐活动中流传的一种民间器乐。每逢劳作闲暇之时，下雨、下雪不能下地劳动之时，过去没有电影、电视文化生活单调之时，村民们便拿着锣鼓在屋里敲打，锣鼓的打击声引来了周围的村民围观，人们纷纷拜师学艺。村中有红、白喜事或逢年过节都耍锣鼓营造气氛。耍锣鼓由锣、钹、鼓、兜锣四件乐器和三位表演者组成。队形成三角形，鼓在中间，锣和兜锣在左边（一人操作），钹在右边。敲打时由鼓先声、起指挥作用，俗称发引子，可以站立，也可以坐下，主人在中间摆放一张小桌子，桌上有烟、糖、水果等以显得主人热情大方。耍锣鼓有快节奏和慢节奏之分，且有极其严格的节奏、环环相扣。

◉ 方言俗语

方言 牡丹村地方方言属北方方言区的西南官话，是北方方言区西南次方言重庆方言的一个分支方言。方言中的称谓及日常用语基本与垫江县其他乡镇相同。总的特点是：语音方面，同普通话一样有阴平、阳平、上声、去声四个声调，没有入声，古入声字均归入阳平。声母比普通话简单，韵母比普通话复杂，保持的古音很少。词汇与普通话基本一致，保存的古词很少。语法与普通话差异不大，只是在词素构成上与普通话有一定区别。

牡丹村方言与普通话对照表

表 4

方言	普通话
称谓用语	
保保、老汉（儿）	父亲
妈妈、娘	母亲
伯伯、大大、大爷	伯父
伯娘、伯妈	伯母
大叔、二叔、三叔	叔父
大娘、二娘、三娘	婶娘
老丈（儿）	岳父
老丈母	岳母
男人、当家的、门前人、老公	丈夫
女人、婆娘、老婆、堂客、屋里人	妻子
祖祖	曾祖父
祖祖	曾祖母
公	祖父
婆、婆婆	祖母
家公、外公	外祖父
家婆、外婆	外祖母
姑爷（前面冠姓）	姑父
嬢嬢	姑母
老表	表兄弟
光棍、光溜子	单身汉
姑娘、妹崽（儿）	女孩
娃儿、崽崽（儿）	男孩
动植物用语	
灶鸡儿	蟋蟀
檐老鼠	蝙蝠
曲蟮	蚯蚓
偷油婆	蟑螂
癞疙宝	癞蛤蟆
鬼东歌、猫儿头	猫头鹰
毛狗	狐狸
刺猪	刺猬
鱼鳅蚪	蝌蚪
威威	鹅
亮火虫	萤火虫
沙牛	母牛

续表 4

方言	普通话
牯牛	公牛
郎猪、脚猪	种公猪
奶结	母猪
生活用语	
嘎嘎	肉
灰毛	豆腐
烧酒、火酒	白酒
霉豆腐	豆腐乳
铺盖	被子
宿房、房圈屋	寝室
开山（儿）	斧头
齐刀	篾刀
愆翻（儿）	调皮
摆龙门阵	讲故事
安逸、了然	舒服
锅儿抽楞起	断炊
划鸡脚爪	凑钱一起吃饭
喝泡儿、舔肥	拍马屁
赚欺头	开玩笑
放人户	女孩相亲
吃福喜	吃白食

谚语

气象谚语

处暑不下雨，干到白露底。

春寒有雨夏寒晴。

打雷顺秋，干断河沟。

东虹日头西虹雨。

火烧乌云盖，大雨来得快。

黄鳝浮出头，有雨在后头。

久雨必有久晴，久晴必有久雨。

雷打惊蛰前，四十八天不开绵。

雷公先唱歌，有雨都不多。

两春夹一冬，十个牛圈九个空。

蚂蟥水上漂，有雨在明朝。

清明要明，谷雨要淋。

秋来伏，热得哭。伏来秋，凉悠悠。

曲蟮滚沙要落雨，烟子铺地要天晴。

人黄有病，天黄有雨。

山雾雨，坝雾晴，半山腰雾跑不赢。

天上钩钩云，地上雨淋淋。

天上花花云，地上晒死人。

西虹跨过天，有雨在眼前。

夏至落雨九河水，处暑落雨十八闹。

小满不满，干断田坎。

烟囱不冒烟，一定是阴天。

一日黄沙三日雨，三日黄沙九天晴。

有雨四脚亮，无雨顶上光。

农业谚语

不懂二十四节气，白把种子撒下地。

不冷不热，五谷不结。

立夏不下，犁耙高挂。

播种不过清明关，移栽不过立夏关。

春天捅一棍，秋天吃一顿。

处暑种荞，白露看苗。

冬耕深一寸，强似多上粪。

二月清明不撵前，三月清明早撒秧。

寒露霜降，胡豆麦子在坡上。

惊蛰不耕田，不会打算盘。

九成熟，十成收；十成熟，反倒丢。

雷打惊蛰后，低处好种豆。

麦到小满日夜黄。

芒种忙忙栽，夏至谷怀胎。

七长上，八长下，九冬十月才长大。（红薯）

七月犁田一碗油，八月犁田半碗油，九月犁田啃骨头。

七月萝卜自长大，八月萝卜粪淋大。

清明嫩水水，谷雨黑嘴嘴。（胡豆）

三春不如一秋忙，绣女也得下楼房。

三分犁七分耙，天旱雨涝都不怕。

三犁三耙九锄田，一季收成顶一年。

头伏萝卜二伏菜，临秋末伏撒白菜。

挖土不挖沟，犹如强盗偷。

五黄六月割麦子，好比女人坐月子。

小暑大暑，谷子乱出。

秧子薅得嫩，犹如上道粪。

有收无收在于水，收多收少在于肥。

栽秧栽得手僵，搭谷搭得心慌。

林业谚语

春栽杨柳夏栽桑，正月栽松好时光。

家有果树园，手中不缺钱。

家有千窝竹，后人坐享福。

家有一湾柏，吃穿都不缺。

家有千棵树，等于开钱库。

年轻不栽树，老来无靠处。

千木万树，哪愁不富。

人怕伤心，树怕剥皮。

造林不整地，如同做游戏。

种桑种桐，子孙不穷。

畜牧谚语

寸草砍三刀，无粮也长膘。

官田官屋漏，官牛官马瘦。

牛圈不透风，耕牛好过冬。

牛是农家宝，犁田少不了。

学习谚语

穷不离猪，富不离书。

补漏趁天晴，读书趁年轻。

处事谚语

不会烧香得罪神，不会讲话得罪人。

不怕人不请，就怕艺不精。

跟好人，学好人；跟端公，学跳神。

埋头汉，耷儿狗，口头不说心头有。

为人不学艺，挑断箩箢系。

有势不可使尽，有福不可享尽。

这山望到那山高，到了那山无柴烧。

嘴是江湖脚是路。

姓氏隐语

垫江的姓氏隐语是从民国时期的袍哥隐语演变过来的。袍哥兄弟相见，彼此打招呼时常使用隐语。现在朋友间彼此打招呼用隐语，带有开玩笑的成分。

陈（老蔫） 引申隐语。陈久而蔫。

熊（老抓） 引申隐语。熊爪抓人。

余（老摆） 谐音隐语。“余”谐音“鱼”。鱼，农村俗称“摆尾子”。

姜（老辣） 引申隐语。俗语“姜是老的辣”。

胡（老焦） 谐音隐语。“胡”谐音“糊”。饭糊则焦。

张（老跳） 引申隐语。农村帮人张罗做事，称为“跳”。

周（老沙） 引申隐语。佛语：“心包太虚，量周沙界。”

黄（老晒） 引申隐语。民谚：“土长黄金屋，日晒油黄身。”

邱（老炕） 谐音隐语。“邱”谐音“炢”。牡丹村方言“炢”“炕”同义，即用烟熏。

童（老卷） 谐音隐语。“童”谐音“筒”。筒系卷制而成。

高（老悬） 引申隐语。高挂悬空。

曾（老搬） 谐音隐语。“曾”谐音“橧”。橧，俗称“鸭棚子”，逐水而居，天天搬家。

彭（老圆） 谐音隐语。“彭”谐音“盆”。盆是圆形的。

王（老牌）引申隐语。长牌[①]大者为王。

谢（老花）引申隐语。花老则谢。

唐（老蜜）谐音隐语。“唐”谐音“糖”。“糖”“蜜”近义。

董（老草）字形隐语。“董”为草字头。

徐（老双）字形隐语。“徐”为双人旁。

许（老配）引申隐语。许配。

梅（老喜）谐音隐语。“梅”谐音“眉”。喜上眉梢。

冯（老补）谐音隐语。“冯”谐音“缝”。缝补。

刘（老顺）谐音隐语。“刘”谐音“溜”。顺溜。

萧（老吹）谐音隐语。“萧”谐音“箫”。吹箫。

黎（老拖）谐音隐语。“黎”谐音“犁”。耕田时，犁拖于牛后。

马（老跑）引申隐语。跑马。

游（鸭子浮水）引申隐语。牡丹村方言“游”“浮”近义。

仇（老忧）谐音隐语。“仇”谐音“愁”。“忧”“愁”同义。

左（老掉）引申隐语。牡丹村方言“左”“老掉”均意为技术差。

皮（老扯）引申隐语。扯皮。

古（老响）谐音隐语。“古”谐音“鼓”。鼓声响。

朱（老拱）谐音隐语。“朱”谐音“猪”。猪好拱。

冷（老冰）引申隐语。冰由冷致。

李（老乱）谐音隐语。“李”谐音“理”。理不清则乱。

汪（老水）引申隐语。水汪汪。

巫（老黑）谐音隐语。“巫”谐音“乌”。“乌”“黑”近义。

宋（老推）谐音隐语。“宋”谐音“送”。推送。

段（老缺）谐音隐语。“段”谐音“断”。“断”“缺”近义。

袁（老滚）谐音隐语。“袁”谐音“圆”。牡丹村方言词汇有“滚圆”。

贺（老惹）谐音隐语。“贺”（牡丹村音 huò）谐音“祸”。惹祸。

雷（老响）引申隐语。雷声响。

---

① 长牌：一种起源于四川的传统纸牌游戏。

寿（老肥） 融合隐语（谐音、反义）。“寿”谐音“瘦”，反义为“肥”。

赵（老亮） 谐音隐语。“赵”谐音“照”。照亮。

郑（老偏） 融合隐语（谐音、反义）。“郑”谐音“正”，不正为偏。

钟（老撞） 引申隐语。撞钟。

罗（老敲） 谐音隐语。“罗”谐音“锣”。敲锣。

韩（老淡） 融合隐语（谐音、反义）。“韩”谐音“咸”（牡丹村音 hán），反义为“淡”。

龚（老弯） 融合隐语（谐音、反义）。牡丹村方言“龚”谐音“门”（音 jiōng）。弯腰、驼背称门背、门背背。

傅（老传） 字形隐语。“传”的繁体字“傳”形近“傅”。

任（老叉） 融合隐语（谐音、字形）。“任”谐音“人”。人形如叉。

詹（老糯） 融合隐语（谐音、反义）。“詹”谐音“粘”，糯米、粘米[①] 性相反。

汤（老干） 引申隐语。汤被喝干。

吴（老有） 融合隐语（谐音、反义）。“吴”谐音“无”，反义为“有”。

丁（老挂） 谐音隐语。“丁”谐音“钉”。钉钉挂物。

歇后语

扁担吹火——一窍不通

菠菜煮豆腐——一清（青）二白

茶壶装汤圆——有货倒不出

穿钉鞋拄拐棍——稳上加稳

戴起碓窝跳舞——费力不好看

电灯点火——其实不然（燃）

狗吃粽子——不改

狗坐鸳篼——不服抬举

耗子爬秤钩——自称

耗子进书箱——咬文嚼字

黄鳝爬锌口——狡猾（绞铧）

① 牡丹村一般称“籼米”为“粘米”。

叫花子守马路——坐倒找钱

快刀打豆腐——二面光

癞子打撑花——无法（发）无天

落雨天的抱鸡母——精灵（经淋）

马路上的电杆——靠边站

猫抓糍粑——脱不了爪爪

篾条穿豆腐——提不得

木匠戴枷——自作自受

弹花匠的女——会弹（谈）不会纺

剃头匠的徒弟——从头学起

驼背子淋雨——背时（湿）

乌龟遭牛踩——痛在心头

啄木官打洞——光使嘴

艺文杂记

牡丹村得天独厚的自然风光和原生态的山水牡丹、民风民俗，吸引了众多文人墨客，梁上泉、黄济人、王莲英、傅天琳等许多文化名人都在这里留下诗词歌赋。千百年的牡丹文化传承，牡丹村也留下了许许多多与牡丹相关的美丽传说。这些都为牡丹村增添了与山水自然和谐共生相适应的动人的人文色彩。

◉ 诗歌

太平牡丹（外二首）

梁上泉[①]

国花香国色，天宇散天香。
红紫白黄艳，诗词歌赋狂。
太平重叠彩，明月亮花芳。
山海连花海，何须恋洛阳。

牡丹源二首

一

明月光笼明月山，山高月朗泄灵泉。
泉清花好如明月，润照世心一片丹。

二

选美入宫离野风，变来华贵亦雍容。
劝君莫忘原生地，归看药园仍济农。

幸福

傅天琳[②]

花的眩晕花的润泽
花的旗帜花的生活

尤其这是牡丹
尤其这是垫江
尤其这是农家种牡丹如种庄稼

---

① 梁上泉（1931—），四川达州人。全国著名诗人，国家一级作家，重庆市作家协会荣誉副主席。

② 傅天琳（1946—），女，四川资中人。中国作家协会会员，中国诗歌学会副会长，重庆市新诗学会会长，重庆市作家协会荣誉副主席，鲁迅文学奖获得者。

一个人一生与花相伴多么幸福
一片土地世世代代搂着花香多么幸福
一座城市被花托举多么幸福
一个国家盛开富贵多么幸福

登明月山

熊炬[①]

节日登高去，探幽入翠微。
玉峰霞雾散，明月桂溪洄。
静听鸟说甚，闲看花笑谁。
意随天马动，心驾彩云飞。

太平镇：美妙随即来临

林莉[②]

且称作命运吧，当我怀揣一颗种子
在漂泊中来到了太平镇，简陋的生平有了传奇
那受难过的灵魂被慰藉洗礼，我从
谁的口中听到了如此惊叹：神呀
她竟如同一只刚刚被孵化出壳的鹭鸟

类似咒语和祝福，我渴望中的乌有之乡
新的城郭显现了。风过处，邻人笑面如花
他从井中打水刚回，脸上没有一丝疲惫
众多幼枝上我们信奉的珍宝仍在，从南山坡
种植到了北山坡

① 熊炬（1931—2016），重庆市垫江县人。诗人、作家、评论家，重庆市曲艺家协会副主席。

② 林莉，江西人。青年诗人，作品获 2014 年垫江主办的首届牡丹诗歌奖全国诗歌大赛牡丹诗歌奖特等奖。

我要说的话已被风吹远，唯有那途中万花齐发
吸引着我们的目光，在绚丽的幻觉中
给出静默的谜面，它就要带来另一个春天
邻人会趁此时机，抱回整捆刚刚采摘的牡丹
他身后的巴渝山水，一程又一程
那故人般的脸庞闪耀古铜钟的光泽
那咕咚咕咚的脚步，绕过满地花枝
一声逼近一声……

雨不大不小，刚刚好

金铃子[①]

雨中的牡丹是一场音乐的盛宴
它红得迷离。短小的乐句稍一进行
便出现停顿
它白得欢腾。先由长笛，单簧奏出
一次比一次更为热烈
这美，仿佛爱情不朽
根本不存在，它又真的存在
我在雨中系上写有和歌的古册
一群登山临水的人，走过
它使一幅雨中即景构图饱满
山高。山低
花开。花落
雨不大不小，刚刚好
刚刚淋湿牡丹的睫毛，淋湿我干涸的心扉
亲，这些花都是我为你种下的
现在我把它送给你

① 金铃子（1972—），女，原名蒋信琳，曾用名信琳君，重庆市垫江县人。中国作家协会会员。

看见满山的花，我就忍不住激动
我的花长在山野里，是野孩子
长在天上
有一些地下的花要和它对应（自古就有这样的对应）
我甚至忘记自己是人类
说着它们的语言。神秘而夸张
我甚至弄错了，那些小幸福
在我的土地，将你的名字
——呼来唤去
雨不大不小，刚刚好
爱不多不少，刚刚好

垫江牡丹

黎美剑①

清明时节明月山，漫山遍野皆牡丹。
是谁持竿当空舞，捅破天庭御花园。

太平牡丹花海（外一首）

梁欢②

恺之峰下红云稠，蝶舞莺歌花点头。
应谢春风多眷顾，剪裁锦绣比风流。

咏太平牡丹

天然姿态自芬芳，养在深山历雪霜。
一朝春来发新色，大度雍容胜洛阳。

① 黎美剑（1963—），重庆市垫江县人。重庆市民间文艺家协会副主席，垫江县作家协会主席。
② 梁欢，重庆市垫江县人。垫江县作家协会副主席，垫江县诗词楹联学会会长。

华夏牡丹吟

董世族[①]

龙华重岭锁云烟，阳春三月展笑颜。
山花遍野共烂漫，醉洒胭脂写牡丹。

◉ 文选

垫江牡丹赋

黄济人[②]

千年古县，巴国粮仓；千年牡丹，龙溪河旁。精卫填海，填之泥沙，巴人垫江，垫之芬芳。垫江牡丹，并无皇家风范，雍容华丽，粉墨登场；垫江牡丹，亦无贵妇神态，穿金戴银，妩媚修长；垫江牡丹，只是村姑模样，娇小玲珑，含羞脉脉，清纯淡雅，灵秀端庄。

垫江牡丹，深闺未识，沉寂经年，独诉衷肠：牡丹之根，名曰丹皮，止血化瘀，中医良方。药物性能，南北有异，黄帝内经，首推垫江。事既如此，广种博收，丹皮产量，全国称王。种植之外，明月山麓，野生牡丹，遍布山冈。晨迎朝露，晚送夕阳，与山相伴，与水相依，与竹同生，与树同长。七彩斑斓，争妍斗艳，人间三月，一派春光。

花团锦簇，尽收眼底，两千年初，垫江牡丹，始得登堂。虽然姗姗来迟，愈加石破惊天，既可入药，也供观赏，两全其美，一花独放。十余载花开，十余载盛况，游人如织，好评如潮，蜚声海外，美名远扬。嗟乎，垫江牡丹，花海奇葩，山中凤凰。秀外慧中，愈显花开富贵，梅心兰格，更现国色天香！

---

① 董世族（1942—2012），重庆市垫江县人。垫江县西泅画院首任院长，垫江县美术家协会名誉主席。

② 黄济人（1947—），国家一级作家，重庆市作家协会荣誉主席。

牡丹源记并序

廖谟高[①]

牡丹之悠，《山海经》载。此地袭种两千余年，皆为药用，丹皮质量，史为华夏之冠。中共垫江县委书记黄仕焱、县长雷政富鼎力指助，开发旅游观赏。据史已考，荣源而记之。

汉初元中，龙华人种狩为业。好植异花，枝茂花美，根皮为药。有术精者，乡人师之！其女及笄，终日花鸟为伴，若醉若痴，山邻名为百灵花姑。异花春放，花硕色艳，红紫黄白，迎面绽笑。无声若语者，爱杀乡邻也。然花放十数日者，落英缤纷，萎若滴泪，百灵花姑之痛也！

翌春，花特盛。尤一白花之株，硕巨娇滴，妩媚修姿，尽态极妍，楚楚动人！正午，花姑浇水至白花旁，时日暖风轻，水淙鸟语，走云散芳，朦晰异位。花姑心悦小憩，抚花而寐焉。忽有白云徐来，初似白色异花，近而化为美女，娇身素裹，眉秀目清。曰："小主劬劳，惜花如命，抚吾众生久矣，谢哉谢哉！然小主将大难临头，须远避他乡，愈远愈安之！切记切记！"言毕而逝。姑颤醒，汗盈面，乃梦也。

花姑起坐，见丁壮环立，皆执棒操戈，气势穷凶。一酋长直逼花姑，垂涎曰："姑娘豆蔻年华，花容月貌，依吾为妾，当受尽福禄，不愿妙龄倩身也！吾将惜于心而爱于身也，娇娇去乎？"花姑杏眼圆睁，愤而不从。酋长怒，命丁壮缚之。花姑抗

而疾呼，所养百灵鸟齐鸣，其声凄厉，绕花姑而飞。倏间，狂飙至，乌云蔽日而天昏，旋风裹雨而地暗。酋长、丁壮畏风雨而落魄，惧雷电而魂散，各寻其蔽，溃逃无踪。花姑挣开绳缚，归家泣别父母，依梦中美女嘱，携花种而走。及酋长复至，已不知所终焉。

花姑历尽熬煎，流落张掖，寻逑成家，乃继种祖传异花。植术益精。花盛名传，足食丰衣，蒸民赞焉。然光阴荏苒，花姑渐至暮年。建武初，秋，花姑聚儿孙于室而嘱曰："吾与异花，皆来自巴郡。汝辈当念吾爱花之殷，切勿使之埋名于世焉"。花姑寿终，享年九十。其所种异花，代代相传，乃为今之牡丹也。

人虽曰牡丹产于西北，然实源于巴渝之太平也。盖太平龙华地处巴国故都以东之僻壤，群菘抱，云林深，时称"蛮夷"，不州不郡，不都不邑，故无史记焉。

---

① 廖谟高（1943—），重庆巴南区人。曾任垫江县政协副主席、垫江县书法家协会主席。

花姑北去，父母病亡。山邻念花姑，将故地唤为百灵山。太平龙华之百灵山，乃百灵花姑之故居，亦种植牡丹之源也。

明月山风景区赋

夏谔[①]

夫明月山脉者，重庆直辖，川东为邻。峰岭绵迭，蕴秀藏英。势若苍龙横亘垫江，下至长寿，上接梁平。最高峰海拔一千二百，最长路华里壹百有零。莽莽苍苍，披烟戴雪；腾腾滚滚，吐雾吞云。日朗天高，雄不减于剑阁；秋深气爽，幽不亚于青城。诗人墨客，溯迹至晋唐元宋；灵泉异树，探源到远代明清。有牡丹花海，有杪椤树群。卧龙河创盐浴之盛；大通寺隐僧道之情。白龙洞，黄庭坚曾题洞壁；红香寺，顾恺之曾卧香亭。楠竹山高，屏列别墅；松伞峰古，下设花林。丫角山可赏九龙捧圣；峰顶山曾葬一代霸坟。公主偕亡，空遗驸马之墓；画家轶韵，流传虎罴之神。大梨山前，琵琶老龙闲望月；帽合寨上，女墙刁斗击三更。树滩桥横五洞，乃元代遗迹；大竹林生产盐卤，系现代精英。中嘴遗寨，看四十八家古户；石鼓土城，挡一千五百雄军。白居易亲题白龙神洞，吴道子画壁大通丛林。红豆夕阳，石人山留望夫石，苍林古道，樊梨花遗跑马坪。风景密布兮看今朝胜况；古迹斑斓兮勘上代文明。

若夫，清风和煦，春夏景明，登西山以览胜，临流泉而聚文，则有翡翠湖林深浪静，地雅境清。空谷鸟语，草泽虫鸣。山不笑而垂韵；树不舞而低吟。绿透衫袖，情摇心旌。可醉骚人墨客，吸引壮士佳人。实乃人境中之仙境，焉有不一游而快者耶！更有翡翠沟天生绝域，迥异红尘。翠覆绝，碧锁层林。鸟飞兮而愁过，猿到兮而心惊！绝壁千仞，风拂藤萝如仙幕；危崖百丈，泉鸣涧底如琴筝。烟帔霞带，雪影霜痕。险峻处登临闭眼，高深处欲跨销魂。茫茫无垠兮醉青酣绿；冉冉缥缈兮霞蔚云腾。爱其致者乐而忘返；惊其危者魄颤魂惊！望峰息虑，万念俱平。旅游者能不由恬静中升华情性者耶。

至若开发旅游，融汇人文，车道通而建游点，食宿设以供游人。运科技以披荆斩棘，为开发而戴月披星，如此，则迎来三山游客，四海嘉宾。水不深而藏龙，山不高而有灵。林隐红楼，能纳联袂之娇；岫萦紫气，岂乏炼丹之人。卧斜阳而偎芍药，风情倜傥；载美酒以坐蔷薇，意趣氤氲。小桥通若耶之溪，曲径接天台之胜。菊梦梅魂，缠

① 夏谔（1936—2017），重庆市垫江县人。曾任垫江县作家协会名誉主席。

绵于松涛竹影；云鬟雾鬓，装点出水郭山村。探索者得山川之灵蕴，休闲者获林泉之精神。揽自然风光，追踪趣韵；摄峰峦灵气，大快胸襟。既陶冶情操，也惠我青春。又何必闹市寻欢，恣扬粉黛；更不消琼楼买醉，缱绻庸尘。“无丝竹之乱耳，无案牍之劳神”。拥自然风光，追回自我；享物华本性，培育天真。养颐天年，何分高人雅士；洗涤尘嚣，无论须眉钗裙。或当暮春三月，舞燕啼莺。游牡丹花海，赏明月风情。太平湖边，水清而可垂钓；楠竹山顶，峰高更可观云。百灵山情系挹红岭；恺之峰魂绕梦香亭。云影山光，都藏妙谛；鹃声蝶梦，暗寓真情。文中字字真意，游来处处怡神。风月无边，君何妨身临其境；笔墨难尽，侬尤冀勿愧斯文。凭临览胜楼头，烟霞啸傲，放眼牡丹源内，渝东生春者也！

太平牡丹醉太平

查抒梅[①]

要观赏成片的牡丹花，许多人很自然地想到河南的洛阳，想到山东的菏泽，因为，在世人的眼里，那些地方是牡丹的故乡。

殊不知，就在距重庆市区仅100余公里的垫江县太平镇，乡民们祖辈种植牡丹以获取药材。那藏在山垭，躲在山坳，不为外人所知的国色天香，对着蓝天，对着春风悄然绽放。岁岁年年，花开花落，牡丹根茎的收获是种花人的期待，对于花朵的绚丽，种花人早已见惯不惊。直到有一天，农业产业结构调整，观光农业的发展让太平镇人猛然醒悟：这牡丹花种植面积在重庆，乃至整个西南地区都是独一无二的，除了丹皮的收获，牡丹基地是旅游开发的一个宝啊！

于是，太平镇的乡民们对着成片的牡丹开始喊“芝麻开门”了！他们修起了105公里长的垫江县第一条旅游水泥路。这条路从太平镇出发，穿过牡丹种植园区，最后到达楠竹山森林公园。在牡丹最集中的恺之峰，他们又修出了1500米的水泥观光道，辟出了“红香丹海”景点。整个园区被他们命名为“中国重庆华夏牡丹花海生态旅游区”。

于是，重庆人有了牡丹花观赏基地。遥远的不再遥远，只要走出市区，花上2个多小时，便可在四月的春风中领略到牡丹的国色天香。太平镇的三星寨尖刀峰望香台、八宝寨、罗汉寨、水门寨等景点上万亩的牡丹告别了“藏在深山人未识”的隐居生涯，为

① 查抒梅，女，《重庆日报》记者。

重庆旅游增添了一抹绚丽的色彩。

日前，记者沐着和煦的阳光前往园区采访，车子从太平镇出发顺着宛如银练的旅游公路前行不久，倚窗而望，便看见山坡上如瀑布般流泻的牡丹，一车人惊叹不已。车在龙华社恺之峰下停住，沿新砌的观光道步行而上，两旁硕大的花朵簇拥着，显得很热烈。这著名的观赏植物在阳光下绽开着繁多的花瓣，灿烂无比，尽显其雍容华贵之态。伫立山垭口，远处是巍巍楠竹山，近处不是花的瀑布，便是花的溪流，牡丹从山顶上淌下，在石缝中涌流。

据太平镇的有关同志介绍，太平牡丹系华夏牡丹之源，当地人已有2000多年的种植历史。相传，公元658年，武则天曾来此赏花，回长安后生下女儿，便取名为太平公主。公元755年，唐明皇李隆基为避“安史之乱”，携杨贵妃到四川，慕太平牡丹之名，前来观赏，并把牡丹带回长安种植，致使太平牡丹在中原生根开花。传说总归是传说，但太平种植牡丹的历史的确很长。当地乡民说，他们祖祖辈辈都种牡丹，成了传统。牡丹常年生长在太平镇内海拔600 ~ 800米之间的石灰石土壤里，镇西部种植牡丹的有8个村，可供种植的土地有3万多亩，目前种植面积超过1万亩。自2000年4月6日，太平镇举办了首届牡丹节后，镇里对观光旅游区进行了规划，并发动村民搞“农家乐”。今年4月日又举行了第二届华夏牡丹节。农民们深有感触地说，现在，牡丹花开时节，城里人来了许多我们的“农家乐”热热闹闹，旅游业的兴起让我们多了条致富之路。

听着乡民的介绍，眼望山下，只见竹林掩映之中的青瓦屋顶炊烟正袅袅升起，不时传来鸡犬之声。有游客在山上对着竹林大喊煮腊肉、拌侧耳根。“要得……”的应答之声，顺着浓郁的花香传来，亲切、愉悦。

太平牡丹，在四月的春风中沉醉，在游人的惊呼与赞叹中沉醉。

美在楠竹山

余尚奎[①]

每当有机会去楠竹山，我都要登上白岩寺，居高临下，以便欣赏楠竹山那广袤多姿令人百看不厌的美景。

楠竹山的美景来自大自然的恩赐，知了鸣啼不息，为它日夜歌唱。千米高的翠屏山

① 余尚奎，垫江作家协会会员。

在它的东北面筑起了一围天然屏障，直插苍穹，朝飞暮卷，为它送来山光岚影，缕缕白云。它南北两侧则是高地，高地上丛林莽莽，山谷幽深，是两个充满神秘色彩的绿色宝库。中间以坡东塆为圆心，以二三公里为半径形成一个半圆，这个苍翠如滴的扇形峰峦，就是楠竹山的摇篮了。然而大自然厌倦呆板，鬼斧神工，便又在这个扇形中线上隆起一脉连绵横亘的重重山脊，给它平添了风光无限。

从高耸入云的白岩寺向下俯瞰，楠竹山犹如一颗绿色明珠镶嵌在明月山中央山脉的正中间，不偏不倚，在它分出的那众多的余脉上，满沟满谷的楠竹，一片绿海无涯，天光云影在竹海中游移，蔚为壮观。而突出在竹海最北端的那座方山，则像一艘鼓起风帆正待远航的多桅船。它近旁的那片伞盖如云、苍劲斑驳的古松，组成一块块绿色的方阵，恰似那列队森然的士兵。古松的西面是通往竹山的公路，像一根白线蜿蜒缠绕在山间。公路的西面连接一道 300 级石梯，直立上山，是通往红叶山庄的必经之路。红叶山庄那富有现代气息的摩天大楼就建在高高的山顶上，指向蓝天。楠竹山东端的尽头处，一片崭新的黄色建筑群，在四周红房绿竹的映衬下熠熠闪光，这就是著名的桂竹公寓了，其间的游泳池在微风的吹拂下波光粼粼，如绸似锻，透明得像一面纯钢磨成的镜子，更令人惊叹。

然而这颗明珠在上世纪以前并没有被人们赏识，它的光彩是在 2000 年修通水泥公路之后才展现出来的。当年修建公路的初衷是为了要与西山风景区连成一片，打造旅游高地，而建成后，楠竹山便真的成了华夏牡丹花海令人心醉神迷的明眸。楠竹山公园以竹类植物为主题，藏秀雅幽静之风韵，一踏进景区就便像是跌进了绿谷，身不由己了。那些怪峰奇石、竹楼亭宇、曲径双桥很容易被你忽略，你眼前只觉一片绿海，峰峰岭岭，沟沟壑壑，楠竹参天，灌木成片，就连石上的青苔也泛着幽幽的绿光。越往前走，楠竹越茂密。抬头望，粗壮笔挺的枝干直抵云霄，一些竹叶和藤蔓互相连缀着，交叉着，缠绕着，形成一把巨大的绿伞遮住了天。诚如一位诗人游楠竹山的诗中所描述的："灌木绿崖阴密密"，"楠竹层层翠做堆"。

走出桂竹长廊，向左便伸入到一个名叫"蒙古包群"的竹塆。这里右侧是竹山天然博物馆，竹类植物最为集中，有错落曲弯、奇巧盘旋的怪竹，有直刺云霄、挺拔卓立的孤竹，也有体态诱人、神秀清灵的雅竹。左侧是一片缓坡地，数十幢竹舍散布其间，一小溪斜穿而过，这就是遐迩闻名的竹山"密林宾馆"。楠竹山原始丛林里，生长着 1800 多种动植物，在密不透风的竹海里爬行，飞毯飘绢似的野狗、山羊从你眼前翩然而来，波音飞机似的山鹏、黄雀从你头上掠而过。还有动听的蝉鸣，画眉争食，松鸦踱步，也会令你十分惊奇。竹山尽头的右侧是景区最高峰老鹰嘴，山顶上的观界亭飞檐翘角，登临远眺，明月山的外山宛如一条长龙清晰可见，西山峡谷中鳞次栉比的民居如海市蜃楼一般，俯视界北沟，周围奇山异景一览无余，堪称一大奇观。左侧山势较缓，碧草如茵，香樟摇曳，是旅游观光者自由奔放的最佳场所。从响水岭穿过一段公路再往前，回首亭恰似一匹矫健的烈马，对应着山环水绕的绿云度假村。这里群山如画，绿树如海，休闲、娱乐设施完备。茶楼、舞厅每天都有节目表演，五彩激光伴着悠扬的乐曲，你一定会如仙如幻。然而，哪怕你并没有需要，也不要忘了去绿荫崖看上一眼：那是一大片大片的蕨，那又不是一般的蕨，它每一片有芭蕉叶那么大，重重叠叠、密密匝匝地从山崖上悬挂下来，不见其发端，也不见其尽头，只是一大片一大片深深浅浅的绿，仿佛一幅流淌的植物瀑布，如遇风吹来，那“瀑布”还会翻滚起一轮轮绿波。

不过楠竹山最吸引人的地方还是密林深处。从卧牛石到峰门铺整个 13 平方公里的景区内，其间成片成片地分布着竹林，大的上千亩，辽阔而浩瀚；小的几十亩，点缀在蜿蜒错落的山山岭岭。楠竹山公园有两大特点：一是竹林与岩岸相间，一段竹林一段峭岩，非一览无余，颇曲折有致；二是楠竹依山顺间，根连枝叠，走在里面，宛如置身于绿色的云层，成为观光者的天堂。其最著名的两处景点，一为大冲，一名园山，一为黄色竹海，一为翠竹山冈。前者距竹山宾馆较近，平时就游人如织，多少男少女在林中横躺竖卧，哼着歌儿，与知了共鸣。每逢牡丹节之夜，更有多达数千人聚集在楠竹林间，边观景听音乐，边大呼小叫狂欢畅饮。

假如你要想沾楠竹山的灵秀之气，最好去走走那藏在深山密林中的小径。路干净得像是一轴藏青土布，就那么在竹海中铺展着。天是蓝的，云是白的，竹是绿的，路是青的，在没有污染的空气里，远山近林，全像在水晶球里似的透明透亮，显得宁静安详，可引发思古之幽情。

楠竹山是省级风景名胜区——明月山的娇儿，集山、水、竹、树、人文于一体。它的脱颖而出，展现了大自然造物的奇妙和垫江人民的聪明才智。垫江第四届华夏牡丹节已进入紧张筹备阶段，来年春天又将开场，旅客定会蜂拥而至。人们到牡乡来，不仅仅是为了看看牡丹花，还想体味楠竹山独特的风景，饱览这颗高山明珠的迷人风采。你来了可别忘了登临白岩寺，否则你会错过这个与楠竹山一见倾心的一瞥！

◉ 民间传说

鹿韭和鼠姑的传说

蒋德明[①] 搜集整理

很久很久以前，王母娘娘身边有个管理瑶池丹崖珠树、奇葩异卉的使女。由于她铁面无私，得罪了一些前来索取奇花异草的天神。于是，有些天神便时常在王母跟前说她的坏话。时间一久，王母娘娘对这个忠于职守的使女怨而生怒，派力士将她抛到了一个叫百灵山的小山下。百灵山附近住着一个叫鹿韭的青年，长得虎臂熊腰，在这里靠打猎维持生活。这天，鹿韭正好出去打猎，刚好来到百灵山下，救了被天神抛下的使女，将她抱回。鹿韭见使女长得特别瘦小，便称她为鼠姑。

鼠姑对种植技术十分熟悉，看鹿韭天天出去打猎，常常饥一顿饱一顿，便在草棚周围种起庄稼。鼠姑和鹿韭女耕男猎，勤勤恳恳，日子过得逐渐富足起来。后来，鼠姑和鹿韭有了自己的儿女，其他一些逃亡奴隶也相继聚集到这里，百灵山一带人丁开始兴旺起来。由于鼠姑心灵手巧、勤劳善良，鹿韭正直勇敢、武艺高强，夫妻俩很受大家尊重。

自从鼠姑被贬到凡间后，瑶池的奇葩异卉由于管理不善，有的枯萎了，有的丢失了。王母娘娘终于开始悔悟，决定将鼠姑召回瑶池。

一天，鼠姑正和大家一起在地里干活，忽然一阵神思恍惚。她预感到自己将不久于凡间了，便将一颗金丹放到鹿韭手心里，对鹿韭说道："我原是替王母娘娘看管瑶池花卉的一名神女，不知何故被贬判凡间。现在我也许马上就要回天上去了。这颗金丹，是我在瑶池时吸纳百花之精炼制而成。以后你将它埋到地里去，它就会长出一种小树。这种树的花乃天地之精所化，日后当冠压群芳。在春、秋之际采其根皮阴干，是一味济世救人的良药，可解寒热蛊毒、惊痫邪气，能安五脏，疗痈疮，续筋骨，除风痹，久服可身轻益寿。只要你们能让这种树在这里长盛不衰，你们就能永远衣食无虑。现在我身无长物，只能将这颗金丹作为临别的赠礼。"说完，鼠姑化作一股清风，在鹿韭眼前飘然

---

① 蒋德明（1956—），重庆市垫江县人。垫江县作家协会副秘书长，曾任垫江县档案局方志科科长。

而逝。鹿韭急忙之中想将鼠姑抱住，却扑了个空。

鹿韭按照鼠姑的嘱咐将金丹埋到地里，果然很快长出了一种小灌木。这种小灌木的花似芍药，却比芍药花更加雍容华贵，娇艳动人。因此，有人称这种异花为木芍药。

后来，这里的山民世世代代都种植这种灌木，并将它的根皮制成药拿到外面去卖，以补充家资的不足。久而久之，山下形成了一个以经营周转药材为主业的小集镇。由于这一带的人们日子过得富足安乐，这个镇因此得名为“太平镇”。人们种药思源，为了纪念鼠姑和鹿韭，就将这种带给人们一方太平的奇花叫作“鼠姑”和“鹿韭”。

红香寺的传说

夏谔　搜集整理

红香寺古遗址在华夏牡丹源恺之峰西北侧，距恺之峰不到 500 米。

红香古寺，人们习惯叫红香寺。有前、后两重殿。前殿为天子殿，后殿这佛殿。前殿门外大坝的左边是药王殿，药王殿旁边是红香女神殿，有红香人神塑像，头望肩披红纱。红香女神殿门前立有厂碑，铭曰：“红香女神传”。碑中小字风化难认，大意是说明末清初，有女来此山结庐种药，女貌美风雅，不知其姓氏，善治病，就医者则辄愈，其药多用牡丹之根。求医愈多，女名愈响。数年后，红香女用其积资并募捐，修建药王殿。殿成后，女居殿中，朝夕祀药王，女名愈彰。及女没，乡人感其德，遂集资鸠工，建红香寺，供药王于正殿，供红香女像于侧殿。清代中叶，乃建天子殿。数十后，复建佛殿于其后，于是药王与红香像就迁到左边偏殿。

红香寺的右边，约有平房 10 间，都是清代读书士子到寺里寄读的书房。直到清代末年，红香寺寄读的士子 20 余人，与寺内僧人同数。晨钟暮鼓中，琅琅书声，响彻山谷。

寺旁有一山涧，涧上有一座竹桥，据说为当年红香女设计建造。竹桥古雅别致，造型独特。人立竹桥，别有一番情趣；背后群峰绕翠，眼前万顷烟霞，无论春夏秋冬，只要一登竹桥，顿觉置身仙境，身心皆爽。

古寺一直流传着一个凄婉动人的故事。相传，红香不是神，而是一位美丽的女人，不但美丽，而且善武功、能诗词、精医药，当时人称红香女。

曾经在红香寺正门的左边，有青石大碑，铭曰：“红香女入川来西山中结庐种药，为人疗疾，隐姓化名，其功德固可嘉，然非神亦非游侠者，殆为故明宫中之剑姬耶？其诗词凄婉可读，有女若此，令人扼腕叹息！补葺甫成，书以嘉焉。大清光绪六年垫江知县张继题。”

红香寺百年香火已成往事，其庙僧行医施药的事迹却流传至今。红香寺无论哪一届住持，必须学医懂药，为人治病，这几乎是一条严格的庙训。

名人与名村

牡丹村钟灵毓秀，大山环抱的村庄孕育出牡丹村人勤劳善良的品质。在牡丹村，有带领村民大力发展牡丹丹皮种植的领头人；有为推动牡丹村牡丹旅游开发与建设，努力挖掘和传播牡丹文化内涵，积极筹划牡丹产业发展，为牡丹村和垫江的旅游发展作出贡献的文化名人。

◉ 村籍人物

唐万培（1920—2002） 牡丹村三社人，原籍太平九龙寨唐家坡。

唐万培家中赤贫，其为长子，成年后到明月山龙华古家湾罗祥云家当长工。

1949 年 12 月垫江解放后，太平镇十四保成立农会。唐万培积极参加农会工作，为人老实，干活吃苦耐劳，做事细致。1950 年 4 月加入中国共产党。1951 年 1 月，太平区十四保改为群力村管区，唐万培任群力村管区党支部书记。

唐万培组织开展农会工作，组织贫雇农维护新生政权，协助征粮队征粮，打击地方土匪活动。1952 年，土地改革开始，他组织穷人揭发地主罪恶，惩办恶霸，实事求是上报材料，划分各家成分。其后，又在村里组织建立互助组，发展农业生产。唐万培做事果断，不徇私情，深受群众好评。

1954 年年底，龙华管区从群力村分离出来，成立龙华村，因唐万培不识字，没有文化，不再担任村支部书记。

1959 年 1 月，正值“大跃进”之后的困难时期，上级领导再次让唐万培担任龙华大队党支部书记。唐万培以求实的精神，抵制浮夸风，组织群众生产自救。在三年困难时期，龙华大队没有出现因饥荒而导致村民死亡的问题。

1961 年，涪陵地区医药公司以垫江丹皮质地优良，将太平公社龙华大队作为丹皮生产基地，派出地区公司和县公司专职技术人员黄朝修、王庆兴、代志君等人到龙华大队蹲点，指导农民种植牡丹。由于村民们刚从饥饿线上回来，认为吃饱肚子才是最重要的，对大面积种植牡丹，减少种粮面积有抵触情绪。为了解决群众的思想问题，唐万培先是统一大队干部一班人的认识，提出“既要吃饱肚子，又要有票子，这才是目的”。他在大队上下进行宣传，挨家挨户做说服工作。

1962 年，国家将太平龙华大队列为丹皮生产基地。全大队牡丹种植面积由原来的 40 余公顷，扩大到 100 余公顷。6 个生产队，每个队的丹皮产量达 3 吨多，收入 2 万多元。每个劳力劳动一天收入 2 元多，是山下其他大队劳动力价值的 10 多倍。龙华大队成了太平公社最富裕的大队。

黄清安（1940—2018） 牡丹村三社人。

黄清安做事爽快，待人热情，语言柔和，深得邻里好评。

1999 年春，太平镇党委书记邓正友到龙华村调研农业生产情况，发现村里漫山牡丹花开得十分艳丽，萌生开发牡丹花卉旅游的想法。他在黄家湾召开群众大会，详细讲述开发旅游业会给村民带来致富的机遇。参会的黄清安听后，拍手称快。

之后，邓正友每次请县里领导和各界人士到牡丹村考察，都是请黄清安带路上恺之峰、公主岭实地察看。黄清安总是随叫随到，任劳任怨，从不要报酬。每一次带路，他都滔滔不绝地向大家讲述龙华山上的古老传说，给采风者提供不少写作素材和灵感。景区内有些景点的名称，都是因他的讲述而得名。

牡丹村的牡丹旅游景区建成后，黄清安积极参加景区的日常管理工作，除草施肥、维护花木、整修便道，做工细致，没有怨言，不计较报酬多少。

◉ 名人与牡丹村

廖谟高研究牡丹文化 廖谟高（1942—），四川省巴县人，政协垫江县委员会原副主席，书画家。2000 年 3 月，太平镇在楠竹山举办了第一届牡丹文化节开幕式和经贸洽谈会。牡丹节后不久，县委常委会决定由廖谟高组织编修太平牡丹花海生态旅游区的总体规划。为充分挖掘垫江牡丹的文化底蕴，廖谟高在开展牡丹花海旅游规划的同时，便开始了对垫江牡丹和牡丹文化的研究。

2002 年，廖谟高首次提出“构成中国牡丹文化的两大宗”的论断。把专供人们观赏

廖谟高（2008 年）

而在种植过程中逐渐改变了原生牡丹基因的这类牡丹称之为“人文牡丹”；将野牡丹移种在耕地里以开发其药用（丹皮）价值，并兼有特殊观赏价值的牡丹叫作“山水牡丹”，认为中国牡丹文化就是由“人文牡丹”和“山水牡丹”这两大宗构成。2007 年，廖谟高《人文牡丹和山水牡丹是中国牡丹文化的两大宗》一文在《重庆园林》2007 年第 1 期发表，这一提法也得到了中国花卉协会牡丹芍药分会会长王莲英的认可和肯定。

廖谟高根据历史传说、生长特征、生长地名，为垫江不同的山水牡丹命名了“太平红”“长康乐”“鼠姑仙”“醉鹿韭”“龙华春”“悠山艳”“罗坚红”“梦神娇”8 种花名。

为了更好地宣传垫江牡丹，从 2000 年起，廖谟高先后组织编纂《华夏牡丹花海》《牡丹故乡风情》《中国山水牡丹》《牡丹垫江》等 7 部牡丹专集，先后撰写《太平华夏牡丹花海简考》《牡丹史悠悠》《人文牡丹和山水牡丹是中国牡丹文化的两大宗》等多篇牡丹考证文章，以及歌曲《太平牡丹之歌》《牡丹曲》，诗词《太平牡丹曲》《牡丹仙子诗》，故事《顾恺之与太平牡丹》《公主峰的来由》和《牡丹源记并序》等关于牡丹的文艺作品 20 余万字。

许秋生用镜头传播牡丹 许秋生（1953—），垫江县桂溪镇（今桂溪街道）人，原县农业局副局长，重庆市摄影家协会会员。1996 年 3 月，许秋生受太平镇镇长邓正友邀请，第一次到牡丹村拍摄牡丹花照片，并将作品在《重庆旅游》杂志发表。2000 年 11 月，受垫江县政协副主席廖谟高之邀，参与《华夏牡丹花海生态旅游区总体规划》编制工作，负责各种图片资料的拍摄工作。从此，便一发不可收，年复一年地穿行在以牡丹村为主的牡丹花海中。为拍出垫江牡丹与石为伴、与山相映、与树相衬、与岚相依、与水相邻的各种不同姿态的美图，许秋生走遍了牡丹村乃至整个明月山生长有牡丹的沟沟坎坎，常常天刚亮就上山，太阳落山才下山，饿了就嚼点自带的干粮，渴了就喝点自带的茶水，被同事和朋友戏称为“花痴”。许秋生的牡丹摄影作品发表在《中国牡丹品种图志》《中国花卉园艺》《花木盆景》《农民日报》《中国市场经济报》《重庆日报》《重庆年鉴》《重庆行政》《重庆改革》等 20 余种书报杂志上。

2004 年春节前夕，许秋生与垫江县的王世君、张信华代表重庆，参加“重庆 · 洛阳牡丹摄影作品联展”的筹备和展出活动。

除了摄影，许秋生还撰写文章，利用各种传媒平台，对外宣传垫江牡丹。2001 年，许秋生与李显寿合作，在《重庆农业》发表《牡丹产业是垫江县农业结构调整最佳切入点》一文，通过分析垫江牡丹得天独厚的资源优势和垫江发展牡丹产业的优势，提出了

许秋生（2010 年）

牡丹产业是垫江农业结构调整的最佳切入点的论断。2003 年，与太平镇党委书记邓正友合作，在《中国花卉园艺》发表《太平牡丹多鲜艳》一文。2004 年，与刘正中合作，在《中国花卉园艺》发表《太平牡丹美》。2009 年，与廖谟高、徐文峰、李东蔚合作，在《中国花卉园艺》发表《垫江牡丹药用与观赏并重》一文。

黄清文支持家乡牡丹开发 黄清文（1955—），牡丹村人，曾任中国民航飞行学院广汉分院党委书记。黄清文自牡丹园景区开园以来，先后组织 5 批次成都、广汉等地的知名人士近 100 人参观游览牡丹园景区及中药材种植基地。多次和镇村社负责人探讨和交流如何发挥好中药材种植基地的作用，提出通过招商引进农产品加工业，培养多种花草，栽种果树，向生态农业、生态旅游、生态养殖业发展，提升农家乐档次的建议。

大事纪略

牡丹村拥有独特的牡丹资源优势，却长期“养在深闺人未识”。2000年3月，太平镇政府在牡丹村举办第一届太平牡丹节暨经贸洽谈会，掀开了牡丹村的历史新篇章。2003—2017年，随着牡丹村旅游开发不断发展，牡丹村和牡丹生态旅游区先后被评为“国家AA级旅游区”“重庆市风景名胜区”“全国工农业旅游示范点”“全国‘绿色小康村’”“全国生态文化村”“旅游创新案例·赏花胜地”“重庆市乡村文明旅游示范村”，牡丹村入选农业部“美丽乡村”创建试点村，“牡丹源”入选重庆市地理标志，牡丹花被评为重庆市名特优产品，绽放青岛世园会。

2003 年牡丹生态旅游区获评国家 AA 级旅游区

2003 年 8 月，垫江县华夏牡丹旅游开发有限公司向重庆旅游局申报，创建垫江牡丹生态旅游区为国家 AA 级旅游区。12 月 4 日，重庆市旅游局副局长孙逸民带领 4 人验收小组到牡丹村，在垫江县政府副县长李燕明陪同下考察牡丹生态旅游区，从旅游交通、游览、旅游安全、卫生、旅游购物、综合管理、资源与环境保护 8 个方面进行量化考核。经重庆市旅游局代表国家旅游局评定，垫江牡丹生态旅游区被评为国家 AA 级旅游区。

2004 年牡丹生态旅游区获评重庆市风景名胜区

2004 年 1 月，垫江县华夏牡丹旅游开发公司向重庆市政园林局申报，将垫江牡丹生态旅游区纳入重庆市级风景名胜管理。2004 年 4 月，垫江牡丹生态旅游区通过林业部、重庆市林业局、重庆市政园林局联合评定验收，被评为重庆市级风景名胜区。

2004 年牡丹村获评全国农业旅游示范点

2004 年 2 月，垫江县华夏牡丹旅游开发公司向国家旅游局申报创建“全国农业旅游示范点”。2004 年 4 月，国家旅游局验收组对垫江牡丹生态旅游区进行评定验收。同年 7 月 1 日，国家旅游局正式命名垫江牡丹生态旅游区为“全国农业旅游示范点”。

国家 AA 级旅游区铭牌

重庆市风景名胜区牌

全国农业旅游示范点牌

垫江牡丹生态旅游区证书

◉ 2007 年牡丹村获全国“绿色小康村”称号

2006 年 12 月，牡丹村为贯彻落实《中共中央、国务院关于推进社会主义新农村建的若干意见》精神，开始申报创建全国“绿色小康村”。2007 年 8 月，国家林业局组织评审验收，公布牡丹村获全国“ 绿色小康村”称号。

◉ 2012 年牡丹村“牡丹源”入选重庆市地理标志

2012 年 4 月，重庆市开展“庆直辖 15 周年寻找重庆新地标”活动，组织市民以邮件、信函、电话、微博等方式评选推荐自己眼中的“重庆新地标”。 2012 年 12 月 7 日，经过严格筛选、复选、公众票选和专家评审，最终评选出 20 个重庆新地标，牡丹村“牡丹源”3 字名列其中。

◉ 2013 年牡丹村入选农业部“美丽乡村”创建试点

2013 年 5 月，牡丹村根据农业部《关于加快农村美丽乡村建设纲要》要求，向农业部申报创建“美丽乡村”，并着手进行规划准备。 同年 11 月底，农业部公布全国 1100 个“美丽乡村”创建方试点乡村名单，牡丹村入选“美丽乡村”创建方试点乡村。

2014 年牡丹村山水牡丹绽放青岛世园会

2014 年 4 月 25 日至 10 月 25 日，山东省青岛市举办“让生活走进自然”青岛世界园艺博览会。牡丹村选送的“重庆垫江白芍”和“紫凤朝阳”“奇花露霜”分别获 2014 青岛世界园艺博览会牡丹专题竞赛牡丹、芍药切花类金奖和铜奖。

2014 年牡丹村获评“全国生态文化村”

2014 年 5 月，牡丹村在县林业局的组织下，从生态文化、生态产业、生态环境、示范作用、人与自然和谐等 6 个方面，向中国生态文化协会申报“全国生态文化村”。2014 年 9 月 3 日，经过中国生态文化协会组织专家对牡丹村申报情况进行评审，牡丹村获评“全国生态文化村”。

2016 年牡丹村获重庆市乡村文明旅游示范村称号

2016 年以来，牡丹村按照重庆市委宣传部、市文明办、市旅游局要求，着力以乡村文明旅游村建设，开展改造农村人居环境和农村环境综合整治行动，制定以“建设新农庄，发展新产业，培养新农村，营造新生活，树立新风尚”为目标的文明规划；在村民中开展“树文明、尚新风”活动，文明旅游示范效果有明显变化，深得游客满意。2017 年 12 月，牡丹村被重庆市委宣传部、市文明办、市旅游局授予“重庆市乡村文明旅游示范村”称号。

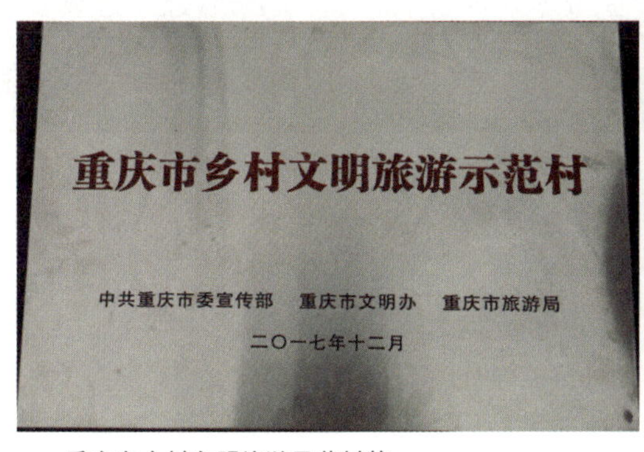

重庆市乡村文明旅游示范村牌

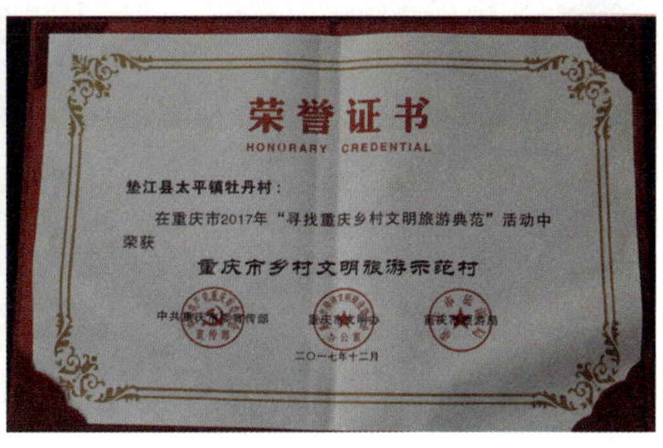

重庆市乡村文明旅游示范村证书

旭日牡丹（2011 年）

附录

村民黄清忠口述旅游开发使其致富

采访对象：村民黄清忠，男，1957 年生，高中文化，家住牡丹村第三村民小组黄家湾

采访人：李克忠、梁欢、蒋德明

采访时间：2017 年 10 月 20 日

采访地点：黄清忠家

问：黄老，你好！你家一直是本地的村民吗？现在家中人口和土地有多少？

答：我家祖祖辈辈都是牡丹村人，一直在三组黄家湾居住。现家中共有 5 人，人均有耕地二亩二分。

问：现在村里搞旅游开发，给你家都带来了哪些变化呢？

答：我家过去的经济收入靠传统的养猪、养鸡鸭、种粉丹和农作物，一年收入仅在 1 万元左右。1995 年，我将原来的板壁旧瓦房，改建成现在的砖混结构房子，还向亲友们借钱，5 年之后才还清了账。由于改革开放，发展经济，没有想到我现在成了牡丹村有名的牡丹盆花培植和农家乐专业户，年收入 10 余万元。2017 年花了 60 万元，在太平镇街上购了两套住房。我在牡丹园景区也出了名，多次接受中央、市、县媒体采访。

问：村里是什么时候开始搞旅游开发的？

答：我们牡丹村原名叫龙华村，在 2001 年没有合村时，村域就是明月山内槽地段，辖 6 个小社，共计有 1000 多人。我家属一社管，因山坡大，路窄陡，交通不便，土地贫瘠，主要经济收入靠种点丹皮药材，一年就那么几千元。1999 年 3 月，时任太平镇党委书邓正友到我们山上来检查工作，发现粉丹花（牡丹花）开得艳丽，想在我们山上搞旅游开发。他到我家来调研，问我有没有信心搞。我当时说，我们农民无钱无技术，哪个搞得起来哟。邓书记拍着我的肩膀说，黄清忠，你是高中生，人又年轻，只要你肯干，我们党委政府就来支持你！我惶恐地说，搞啥子嘛？邓书记说，我们就在花上做文章。于是 2000 年 3 月，太平镇政府在楠竹山桂竹公寓，成功地举办了第一届牡丹文化节开幕式和经贸洽谈会。在这一年，我亲身经历了太平镇政府将我们黄家湾背后的山坡，取名为尖刀峰，后来将尖刀峰又改名为恺之峰，环山的土地集中租用起来培植牡丹观赏花，当年县城很多游客前来观赏，龙华山黄家湾的名字、黄家湾的花开始向外传出。

丹霞岁月（2008年）

问：你是怎么想到要搞牡丹盆花栽培的呢？

答：2001 年 3 月，太平镇政府成功地举办了第二届牡丹文化节开幕式及经贸洽谈会，太平龙华山的牡丹花就像养在深闺里的姑娘，走出大山，让游客们叹为观止，惊呼这个山野姑娘太美了。想如何弄几株回去培植观赏。这年秋天，邓书记又到我家来，鼓励我大胆尝试，来年培植牡丹盆花，以满足游客购花之需。到时候牡丹园开发，将给我带来很大的商机，所以我就听邓书记的号召，栽培牡丹花。

2002 年 9 月，县农委土肥中心站副站长郭艳发听说我愿意培植牡丹盆花，上我家来探讨如何装盆花。他们先来我这里了解栽盆花需要哪些技术，然后再到河南洛阳、山东菏泽、四川彭州等地去学习牡丹培植管理技术，回来又到我家，一起研究，摸索性地叫我试装了 100 盆。由县农委联系销路，当年给了我 500 元报酬。

2003 年 9 月，县农委又派高级农技师昌正华，再到我家来具体指导牡丹盆花培装。先后花了 1 个多月时间，从堆沤混合营养土、选苗、上盆等各个环节进行指导。当年装了 7500 盆。购买苗子和花钵的经费由农委支出，我负责组织买苗子，给我每株两角钱费用，并做管护人。管护费每月 500 元，装盆费每天 30 元。到 2004 年 3 月，这批盆花还是县农委组织销售出去了。

问：你栽了多少牡丹盆花？销售收入有多少？

答：2006 年 9 月，我就开始自己单独装了 700 盆牡丹花，又向本社村民传授技术，让他们也装了 500 盆，一共 1200 盆。2007 年 3 月，县政府相关部门在我这里运走了 450 盆，销往主城区市级单位。余下的盆花由我自己联系销售，当年我收入了 15000 元。2008—2011 年，我每年培植的牡丹盆花直接销往重庆主城区的市级单位有 500 ~ 600 盆，收入达 13000 元左右。

问：除了栽培牡丹盆花，在旅游开发中你还做别的吗？

答：培植牡丹盆花的收入，还不是我家经济的主要收入。主要收入还是我办了农家乐。在学习培植牡丹盆花的同时，我于 2001 年 3 月，报名参加了县就业局开办的烹调技术培训班，时间两个多月，回来就用自己的房屋场地开办农家乐，当时只是农家风味。虽然有人来吃，但客人给我提建议，菜肴品味需要上档次。于是我又于 2001 年秋天，再次报名参加县就业局开办的烹饪技术班学习。学习结束后到主城区的南山、缙云山等旅游区，实地考察、学习农家乐开办经验和烹调技术。回来后就增加投入几千元，改善周围环境，添置餐饮设施设备。我当主厨，妻子当副手，还请了 10 多个服务人员。

2002年的第三届牡丹节期间，我先后接待了3000多人次，收入3万多元。我开办农家乐，经营理念是薄利多销，菜肴品种有山水豆花、丹皮鸡、老腊肉、农家系列蔬菜，较为可口，价廉物美。不管是牡丹节期间，还是在平时，游客都纷纷到我家来就餐，所以我家的生意也越来越红火。太平镇政府就给我的农家乐命名为“龙华春”农家乐，成为牡丹村的带头人。十多年的经营，我这个店也成了黄家湾山上的品牌。每年平均收入有五六万元。再加上卖盆花、销售丹皮、开旅馆、就地务工、喂猪和饲养鸡鸭等，所以我家的经济收入是1999年的10倍。

问：村里搞旅游开发，除了让你家走上了致富路，村里也有变化吗?

答：10多年来，我家因培植牡丹花发生了很大的变化，我们龙华山黄家湾这个不起眼的小山村，也因牡丹园景区的开发，知名度不仅传出了大山，也传遍了全国，甚至国外。景区不但是花走出了大山，村里的面貌也发生了大变化，进出柏油路宽敞交错，环绕全村上下。农民的住房由破旧的板壁房改造成新楼房，面貌焕然一新，环境别致幽雅。夜间的恺之峰牡丹文化广场华灯明亮，一些五音不懂的老汉、老婆婆村民，晚饭后还在广场上，也像城镇里的人一样，伴随音乐跳起了坝坝舞，自娱自乐。所以我做梦也没有想到牡丹园开发，让我们黄家湾变化如此之大。

牡丹村村规民约

为提高全体村民自我管理、自我教育、自我约束的能力，形成民主选举、民主管理、民主决策、民主监督的自我服务局面，促进安定团结和三个文明建设，根据法律、法规和国家有关政策规定，结合本村实际，制定本《村规民约》。

一、全村村民应当遵守公民道德基本规范：爱国守法、明礼诚信、团结友善、勤俭自强、敬业奉献。

二、树立“八荣八耻”的社会主义荣辱观，自觉成为有觉悟、有文化、懂经营、会管理的新型农民。积极参与社会主义新农村建设，并做到：率先发展、率先致富、率先文明。

三、自觉维护村内的社会秩序和安定，维护和珍惜本村荣誉。尊老爱幼，保护老人、妇女、儿童在社会和家庭生活中的合法权益。严禁虐待、遗弃、伤害老人、妇女和儿童，敢于同一切违法犯罪行为作斗争。

四、村民邻里发生纠纷或村民发生赡养纠纷时，由村调解委员会三天内进行调解，并力争做到纠纷不出村，矛盾不上交。

五、全体村民都有保护耕地的义务。村内任何组织和个人使用土地都应服从统一规划和调整，不得侵占、买卖或以其他形式非法转让土地，严禁荒废耕地。

六、全体村民都要保护环境卫生。各户实行“门前三包”，积极搞好家庭环境卫生，路边墙上不乱贴广告。实行垃圾袋装化，保持河塘清洁，坚决杜绝垃圾乱倒的现象。鼓励并提倡村民绿化、美化庭院。

七、村民建房必须服从规划，并按照规定程序申报，在领取《建设许可证》后，按批准的地点和面积施工建设。禁止违章搭盖，占用道路。

八、村民外出要自觉遵守交通规则，严禁酒后、无证驾驶机动车。严禁机动车或人力车在本村的道路上乱停放，禁止村民擅自在村内主要道路两侧、公共胡同堆放物料，影响交通安全。

九、实行婚姻自主，一夫一妻，男女平等。杜绝非法同居、非法生育，不谩骂、侮辱、殴打计划生育工作人员。

十、学龄儿童和青少年依法接受教育，其法定监护人应保证子女接受九年制义务教育。本村任何组织和个人一律不准招用16周岁以下的儿童做生产力工人或其他非法行为。

十一、拥军优属，自觉参与军民共建。凡符合服兵役条件的村民，有义务并应积极主动参加兵役登记、体检和应征入伍。

十二、爱护集体财产，不私拿和损坏国家、集体、他人财物。不在公路上设置障碍，不损毁机耕道路、排灌渠道、耕作机械等集体公共设施。严格用水、用电、有线电视管理，严禁偷电、偷水、偷接有线电视。

十三、严禁传播淫秽物品，严禁卖淫嫖娼，严禁赌博和小偷小摸。反对迷信活动，严禁利用迷信活动造谣惑众、骗取财物。

十四、提倡勤俭节约，反对婚嫁、丧葬大操大办。积极支持殡葬改革，服从殡葬管理。

十五、流动人口在本村居住三天内到村流管办登记，居住十天内应办好暂住证手续。

十六、违反本村规民约的，除触犯法律的交由有关部门依法处理外，村民委员会可作出如下处理：

1. 予以批评教育；

2. 要求写出悔过书，并在村内通报；

3. 责令其恢复原状或作价赔偿；

4. 视情节给予经济处罚；

5. 取消享受或者暂缓享受村里的优惠待遇。

十七、凡违反本《村规民约》要进行处理的，必须在调查核实后，经村民委员会（或村民代表会）集体讨论决定，不得擅自处理。

十八、凡被依法处罚或违反本《村规民约》的农户，在本年度不得参与、评获文明户等荣誉称号。外来人员在本村居住的，参照执行本《村规民约》。

十九、本《村规民约》如有与国家法律、法规、政策相抵触的，按国家法律、法规、政策规定执行。

二十、本《村规民约》自村民会议或村民代表会议通过之日起施行。

牡丹村民委员会

2013 年 11 月 28 日

试谈构成中国牡丹文化的两大宗[①]

——兼述重庆垫江牡丹

廖谟高

人文牡丹和山水牡丹是中国牡丹文化的两大宗

牡丹作为一种文化现象，在中国至少有三千年以上的历史。《神农本草经》成于东汉，距今约二千年。《神农本草经》是对“神农尝百草”的口碑及简传的总结，而“神农尝百草”的时间大约在三皇五帝时期，距今约五千多年。由此推断中国药用牡丹的种植历史也应是三千年左右（对远古无史载的文化现象只能用严谨的推断方法）。因《神农本草经》将丹皮的药用价值列为上品药物进行评述：“养命以应天，无毒，多服久服不伤人，能轻身益气，不老延年。”又说“牡丹味辛寒，主寒热中风，除症结瘀血，疗痈疮，安五脏。一名鹿韭，一名鼠姑。”《中国通史（上）》46 页：“神农虽然死了，但他的功德永远铭刻在人们的心田。据《述异记》一书载：在山西太原的神釜冈中还存在着神农尝药的鼎。在成阳山中，有神农鞭药的地方，故而那座山又叫神农在，或叫药草山，山上有座紫阳观，传说神农就是在这里遍尝百草的。”

---

① 原载《重庆园林》2007 年第 1 期，总第 84 期，第 40 ~ 43 页。

历代专家、学者们对中国牡丹文化的研究取得了辉煌的成就。特别是解放至今 56 年来，研究向纵深推进，取得了卓著成就。譬如《国花大典》《牡丹人物志》《中国牡丹全书（上、下集）》《牡丹大观》以及数以千计的各种牡丹专著及诗文、书画、歌曲、影视、掌故、传说等等。但从唐宋以后，专家学者们多偏重于一身的牡丹的研究，连有关牡丹的著述上都没有它们的一席之地。为了全面研究、丰富和推进中国牡丹文化建设与发展，笔者提出“构成中国牡丹文化的两大宗”之说，是从 2002 年考虑提出来的。

牡丹从“神农尝百草”之后发现了它的药用价值治疾之便。自然人们会将它集中移种在自己耕作的土地里。这样的“移种”，可以推测，在当时的华夏大地绝对不只一处，“移种”的时间也有先有后。譬如据地方掌故和出土文物、传说等多方综合推断，原地处巴郡之东的垫江明月山（大巴山余脉）的族、濮人将山上野生牡丹移为“家种”，大约就是在汉初元年间（公元前 48—前 44 年）。

在药用牡丹种植后，随着社会发展，人们物质文化生活相应提高，于是产生了对牡丹以观赏为目的审美心理，而纷纷将各地药用种植牡丹再度搬迁到政治、经济、文化相对发达的中原地区，专供观赏。并用嫁接等人工手段改造原生牡丹，使花型增大、花瓣层数增多、花色更加丰富，逐渐改变了原生牡丹的基因。观赏牡丹的种植历史至少在 1600 年以前，即东晋（317—420 年）大画家顾恺之创作《洛神赋图卷》之前。有掌故“东汉弥陀寺僧在外地移种牡丹于寺，花开时节赏花人络绎不绝的盛况”之说，距今约 1900 多年。笔者把这种专供人们观赏而在种植过程中逐渐改变了原生牡丹基因的这类牡丹称之为“人文牡丹”；将野牡丹移种在耕在里以开发其药用（丹皮）价值，并兼有特殊观赏价值的牡丹叫作“山水牡丹”。这是两大类各具特色的牡丹，因此应该是两大宗。中国牡丹文化就是由“人文牡丹”和“山水牡丹”这两大宗构成，缺一不可，这才是完整的中国牡丹文化。

中国牡丹文化“两大宗”的特点

一、人文牡丹的特点

1. 改变了原生牡丹基因。因为人们移栽或种植它的目的主要是供人们观赏。人们为了达到更高的观赏目的，最先采用异株嫁接。随科学文化的发展，又采用更高级的科学手段，对花型、花色、花层、开放时令等进行改造，因此彻底改变了原生牡丹的基因。

2. 富丽堂皇，丰富多彩，雍容华贵，端庄典雅。人文牡丹同原生牡丹相比，委实是“青出于蓝胜于蓝。”正是改造后的客观形象，使牡丹步入百花之首的宝座，获得了

“人间第一花”“第一娇妩”“第一品”“第一流”“国艳”“国貌”“国色天香”的众多桂冠，乃至明代就已被称为“国花”。(《国花大典》“序言”：“明代，刘侗、于奕正《帝京景物略》载：北京极乐寺，‘天启初年犹未毁也，门外古柳，殿前古松，寺左国花堂牡丹。’可知，牡丹在明代就已被称为‘国花’。清朝末年，慈禧太后在北京颐和园建起了国花台，种植牡丹，供人观赏，延续至今。”)

3. 人文牡丹在观赏方面的巨大成功，激活了历代文人骚客、书画家、音乐家以及方方面面的艺术家为之而创作了千千万万光彩照人的文学艺术作品，在中国牡丹文化史上写下了辉煌灿烂的篇章。

4. 人文牡丹自隋唐进入皇家宫廷以后，它的生长环境主要是在皇宫、贵族的庭院和园林。解放后，庭院和园林增多，即使培植在大片的旷野里，也有浓厚的庭院、园林气息。因此人们习惯地称人文牡丹为宫廷牡丹或园林牡丹。

5. 人文牡丹的功能主要是供观赏，因此许多优良品种生长条件好的，可以保留久远，乃至上百年，成长为牡丹树，创造“牡丹王”的奇迹，供后人观赏及专家学者们考察与研究。

二、山水牡丹的特点

1. 保持了原生（野）牡丹的基因。但随历史发展，交往频繁，引出引进，对原生牡丹基因带来一定影响。

2. 山水牡丹的种植历史久于人文牡丹。这是历史发展形成的必须结果。从“神农尝百草”到《神农本草经》，在生产力原始落后的原始社会、奴隶社会到封建社会，人们对物质生活的关心程度重于对精神生活的关注，因此人们首先重视的是牡丹的治疾作用。

3. 山水牡丹具有药用和观赏的双重价值。在其历史上，它的药用价值重于观赏价值。

4. 山水牡丹的药用价值，在历代被人们使用过程中，从物质财富方面为中国牡丹文化创造和积累了丰富的成果，作出了巨大的贡献，同时也创造了特殊而丰富的精神成果（同人文牡丹一样，都是通过人的作用），从而使中国牡丹文化能够从人们创造的物质财富和精神财富两方面得到充分的展示。

5. 山水牡丹的生长环境是在山上、坡地、槽谷里和山石、瀑泉、溪流之间，因此最显著的特点是同大自然无间地融为一体。能使观赏的人们感悟到自然的大智大美，寻踪远古的历史，思考人生的终极意义，引发对大自然的敬畏和对生命的珍惜。

6. 山水牡丹由于要挖取根部丹皮为药，因此 4 — 6 年必须挖收，同时取其幼苗另土移植。除有意培育外，能长成树者全无。

从以上人文牡丹与山水牡丹各自不同特点的比较中，可以看出它们是各成体系的两大宗。它们共同的祖宗是原始野生牡丹。它们经历了“野生—移种—分家—改造—发展”这样一个漫长的繁衍历程。在人们的培育下，无论是观赏还是药用，都充分显示出自身的灵气——根皮中药之首，领居“君主”之位；花以绰约多姿，萧条众芳，登上国花宝座。它们以无穷生命力，为中国牡丹文化谱写了丰富悠久、博大深邃的篇章。

垫江山水牡丹简述

一、牡丹生巴郡及汉中

垫江县位于四川盆地东部，现重庆东北部，介于东经 107° 13′ ～ 107° 40′，北纬 29° 38′ ～ 30° 31′ 之间。东邻丰都、忠县，南连涪陵、长寿，西靠大竹、邻水，北与梁平接壤。县东北是渝东高陵褶皱地带金华山、黄草山与西边的明月山东西对峙，巍峨峻拔。全县南北长 60.4 千米，东西宽 36.3 千米，幅员面积 1517.37 平方千米。现人口 90 余万。垫江县自西魏置县至今只有 1500 年历史。置县前，先后为巴国、秦巴郡和汉至晋的巴郡临江县地。史属蛮夷之，交通艰难，故被历史遗忘的角落。

宋 • 寇宗奭《图经》曰：“牡丹生巴郡山谷及汉中，丹、延、青、越、滁、和州诸山中亦有之。”

明 • 李时珍《本草纲目》《别目》曰：“牡丹生巴郡山谷及汉中，二月、八月采根，阴干。”

苏恭曰：“牡丹生汉中、剑南……”

苏颂曰：“今出合州者佳，和州、宣州者并良，白者补，赤者利。”

范子计然云：“牡丹出汉中、河内，赤色者亦善。”

以上所述，大都涉及到地处重庆之东（川东）的今垫江明月山条谷荒山之中。因历史上不县不郡不州，加之群山荒野、蛮夷之地、交通闭塞，故少史载。然而，垫江野生牡丹却顽强地生存下来，并历经药用种植，久藏深山，迄今已超过万亩，汇成花山、花海数十年，初被人们认识。这个默默无闻的历史过程，不知是感到悲伤还是值得庆幸！

二、垫江种植牡丹的掌故与传说

垫江牡丹由于西魏前未置县，又处于蛮夷之地，故无史载。其种植历史只能根据地方掌故、民间口碑及传说等多方面情况进行推测。有以下两种说法：《姚皇与太平红》传说——据《华阳国志·巴志》载“鲁庄公十八年，巴伐楚，克之。鲁文公十六年，巴与秦、楚共灭庸。哀公十八年，巴人伐楚，败于鄾。是后，楚主夏盟，秦擅西土，巴国分远，故于盟会希。”这段时间大约是公元前 688—公元前 611 年（即巴国立不久）。在鄂西、川东等地的少数民族庸人、麇人、百濮、鱼人等，在楚国统治下，贡税极重，矛盾巨争。公元前 320 年后，麇王儿子姚皇率本族及百濮、鱼人等袭击楚国官绅及军队得胜而逃至川东（巴国境）一山清水秀之地大摆宴席，名“太平宴”与当地賨族人（板楯蛮）、蜑族人等共庆胜利（今垫江太平镇由此得名。早为‘太平铺’）姚皇便成了当地少数民族首领，并与当地蜑人之女——少姑，在寻找牡丹花的深山后岭中认识而结为夫妻。因当地野生牡丹很多，少姑父母双亡后，继承父母种植牡丹，取根为药，为山民治病，十分受山民爱戴。少姑与姚皇成婚后，带领山民种植牡丹，姚皇常训练山民习武保家园，他们过着不交税赋的和平安宁生活。但好景不长，在姚皇王住下后的第三年春天（公元前 316 年）秦国将领张仪、司马错带兵灭蜀国，回师灭巴国，这时姚皇王带领賨人、蜑人军队英勇抗秦，杀死秦官兵很多，但终因寡不敌众，最后都惨遭杀戮。少姑领着两岁的儿子，正在为自种的牡丹除草、整枝，都被秦军刺死在花地。少姑和小儿子的鲜血流浸在牡丹花瓣上，把花瓣染得格外鲜红。后人为了纪念姚皇一家人壮烈牺牲，便把种植的牡丹叫作“太平红”，距今已有 2400 多年历史。

《百灵花姑》（出于汉初元年）掌故述，忠州乡下住着当地著名郎中张萱践，他对中草药颇有研究。其妻王氏生下女儿张媛，字百灵，自幼聪慧倔强，美丽灵巧，随父学医，善种药物花草。深得父母爱、乡邻喜欢。当百灵 15 岁那年，即公元前 47 年，汉元帝刘奭诏选天下美女，在外行医的张萱践知消息后，不愿女儿进宫，便全家逃走。张萱践带着妻儿老小，爬山涉水，半月后才到了王氏长兄家梁山村（今重庆市梁平县境内）住下。然而梁山村同样在执行选美之诏，凡 15 至 17 岁的民间美女必须应诏进宫。萱践只好将女儿百灵扮为男装，继续往南方深山老林中逃避。10 天后来到了太平铺的明月山脉中住下。这里人烟稀少，都住着很多少数民族，他们待人忠厚热情。特别欢迎外来郎中张萱践一家。萱践一家在山里人帮助下建了新居。住下后，萱践发现山上生有很多野牡丹，当地人管叫“异花”。萱践曾听他师父说过丹根治病的作用，于是动员乡亲们将野生牡丹移种于耕地。其女百灵移种最佳，山民们都拜她为师，学种牡丹，并叫她百灵花姑。百灵花姑 17 岁那年，美名已传出山外。特别是她的美貌动人，传到了山下酋长耳里。一日酋长带丁壮上山逼百灵花姑为妾，正在物牡丹的花姑不依，酋长命丁壮用绳绑花姑，欲强迫成婚，煞时乌云遮天，雷电交加，大雨倾盆，狂风大作，吓得酋长、丁壮们往石崖下躲。百灵花姑趁机逃走，回家同母亲告别（因父亲下山行医不在家），穿出深山直向北方逃去。后来，山民们为了怀念百灵花姑，就把百灵种牡丹那匹山叫作百灵山。百灵山名，一直流传至今，就在垫江县太平镇龙华村，距今已两千多年。

还有很多关于垫江移种野生牡丹的传说，不赘述。比较切合实际的推测，垫江药用牡丹的种植历史应该是汉初元至今 2037 年左右。

三、山水牡丹的代表——垫江牡丹

垫江牡丹基本具备了山水牡丹的所有特点。

1. 保持了原生（野）牡丹的基因。据垫江牡丹种植历史简考和现场调查，垫江牡丹传代方式都沿袭“移种传种法”。作为药用，须 4 ～ 6 年挖一次根，取丹皮为药，同时选每窝发育良好的幼苗（每窝都发有 2 ～ 4 株幼苗）移植于另一片土地管理（收成熟丹根的土地应改种一季其他如胡豆、小麦等农作物后，再复种牡丹，这样才能保证丹皮质量上乘），没有采用嫁接或种子育苗，从而保持了原生牡丹生长基因。2003 年 3 月，中国花卉协会牡丹芍药分会会长王莲英，2005 年 3 月，中科院植物研究所北京植物园博士、副研究员刘政安等先后到垫江实地考察牡丹，都肯定“太平红”是垫江独有的品种。王莲英会长考察了大部分垫江牡丹后对垫江农业局副局长许秋生、刘强说：“垫江牡丹面积大，山野气息浓，应好好开发。”但随时代发展，引进引出，使原生牡丹基因不得不受到影响。譬如，除唐代武则天时期垫江丹皮运往宫中治病外，清乾隆年间本县城南乡人在贵州任仁怀知县的程正刊，因公经四川彭州，就将彭州牡丹种苗携回垫江种植。解放后，彭县（市）又多次来垫江购牡丹种苗；1962 年后，全国很多外省县、乡（公社）到垫江购取牡丹种苗；2002 年，垫江又在洛阳购回 45 个牡丹花品种；2005 年春洛阳同垫江共同在重庆市鹅岭公园举办牡丹花展。展后，洛阳又将参展的 100 余个优良品种上万株牡丹种苗赠送给垫江。所以保持原生牡丹基因只能相对而言。

2. 山水牡丹具有药用和观赏双重价值。垫江牡丹在这方面展示比较充分。1962 年商业部组织专家，对全国各地所产牡丹皮进行质量论证评论鉴定，其结果以四川省垫江县和安徽省铜陵县所产丹皮质量最佳。垫江丹皮以含丹皮酚、牡丹酚原甙等含量最高而居榜首。并确定以垫江县的丹皮为全国牡丹皮良种种质基地，向全国提供种子（种苗）。这就使垫江牡丹走向全国华夏大地，成为全国著名的“丹皮之乡”。同时还确定垫江丹皮为我国出口丹皮的种植基地，垫江丹皮出口远销日本、新加坡以及东南亚。垫江牡丹作为山水牡丹，它的观赏感受与人文牡丹完全不同。

3. 山水牡丹从药用价值上为中国牡丹文化在物质财富方面创造了辉煌成果并积累了丰富经验，其中垫江牡丹贡献卓越。从历史上看，据清道光年间编纂的《垫江县志》记载：汉驸马罗坚死后葬在家乡太平，在太平寺下还埋了块碑，那碑上记述了罗坚上京都长安赶考如何以“鹿韭丸”治好霓裳公主的病，被太皇太后准为霓裳公主的驸马。后因王莽篡政，霓裳公主被害，而罗坚暗逃回乡隐居了结终生。写下了丹皮（圈韭）救公主的第一篇。唐代又以丹皮、赤芍药治癒太平公主之疾，写下了第二篇。垫江丹皮流传民间治病的事例太多。解放后除全国销售外，还出口许多国家为外国人治病作贡献。这些事例足够写成一部动人的文献。

4. 山水牡丹特殊的观赏效果方面，垫江牡丹可以作为一个典型。

垫江牡丹种植在明月山背斜东侧山麓浅丘地带，垫江段长 40 千米、宽 4 ~ 5 千米的衬山（外山下的低山）、外山、内槽及内山的坡土、谷地、石间、林中、湖畔、溪旁、山泉、瀑布中，遍及五镇。南阳从与长寿区接壤的澄溪镇的高坪，太平镇的龙华山、百灵山、太平湖、恺之峰、公主峰、双乳峰、罗汉山，桂溪镇的三星、金塔、青山、和平，新民镇的白象、白云村，直到北边与梁平县相邻的沙坪镇的竹鸡村、白杨村、东永村、民安村等，都断续种植着以“太平红”为主的牡丹。从色调看，有红、黄、白、紫色类，以红色为主；从分布看，有澄溪、太平、桂溪、新民、沙坪 5 镇，以太平镇为最集中。解放以后，垫江牡丹的种植面积，常年保持在 70 ~ 100 公顷，最低年份 33 公顷左右，最高年份（1956 年、1964 年）达 200 公顷。1999 年 3 月西南农业大学教授到垫江实地考虑牡丹情况，他走到恺之峰一带激动地说：“这壮观的花海气势全国少见，真是华夏牡丹花海呀！”因此垫江牡丹生态旅游区的规划冠名《华夏牡丹花海生态旅游区总体规划》。

垫江牡丹生长的土壤结构以矿子黄泥土和石灰石土为主，坡地或梯土间有奇怪状的石灰石、青砂石、硫黄矿石、高岭土等，分布在海拔 400 ~ 1000 米之间。这种地势、土壤、气候保证了牡丹皮质量上乘。当二三月牡丹花盛开，漫山遍野，层层叠叠，举目无垠的花山花海与怪石、村落、山泉、瀑布、溪流、薄雾及远山、流云……交织成大自然的美丽画卷。这美，使人心灵受到强烈震撼、热血沸腾、浮想联翩。

浓缩起来，垫江牡丹的观赏有花山相映、花石相映、花树相映、花水相映、花岚相映五大特征。它的多角度、多层次、多变化的审美效果，产生了丰富多彩的审美价值。

此外，垫江牡丹与佛教结下的不解之缘，既加深了牡丹文化的底蕴，又增添了佛教文化的光彩。据《太平禅院重辉》及《中国佛教史》《中华佛学》载：唐武则天好佛，曾出家作尼；则天不懂“十玄门”，法藏大师以殿前金狮作喻，反复喻说百余句，使则天“开悟其旨”；天授二年（691 年）其爱女太平公病，御医治无效，则天梦牡丹仙姑告忠州辖太平铺明月山牡丹皮加赤芍药能治女之疾。故下诏速取治，果即愈。则天感梦恩，下旨于太平铺明月山建仙子庙。土人遂以太平公主之名为“太平寺”，内建仙子殿、公主殿以陪侍。后唐玄宗理事改太平寺为“太平禅院”。历经沧桑，今重建太平禅院，立于百灵山后，恺之峰前，计划将 93 米高的释迦牟尼佛莲花座像，置于百灵山顶，将复兴佛教牡丹文化。

共铸中华牡丹文化的辉煌

中国牡丹文化同其他文化一起走过了数千年的历史，丰富了中国文化历史长河。

由山水牡丹与人文牡丹两大宗构成的中国牡丹文化，无论从物质财富或精神财富方面，都创造出了丰功伟绩；在物质变精神和精神变物质的一个个飞跃中，它们又把中国牡丹文化引向纵深推进。山水牡丹同人文牡丹的发展，是并行不悖、相得益彰、并驾齐驱的关系。愿我们勤劳智慧的广大花农，潜心钻研，建树卓著，愿探赜索隐的专家、教授、行家里手和有志于牡丹文化创作的作家、画家、书法家、作曲家、歌唱家、摄影家等一切艺术家们，都携起手来为人类社会的文明、和谐、进步，共同铸造中华牡丹文化，创造更加美好的辉煌吧。

垫江县牡丹村美丽乡村建设规划（摘录）

第五章　村域产业发展规划

（一）主导产业及特色产业发展

牡丹村以牡丹种植闻名，所以要依托这一资源优势，做足文章。在现有牡丹种植规模的基础上，继续扩大牡丹种植面积，充分挖掘牡丹特色文化，积极拓展牡丹发展外延。研究表明，随着深加工产品的研发生产，牡丹产业将向医药制品、日用化工、食品加工、牡丹工艺品、营养保健、旅游观光、生态保护、食用菌、畜牧养殖等九大领域延伸。

利用牡丹外延产业，做深做细牡丹文化，解决牡丹花期短、旅游季节性强的缺点，在村域形成四大产业区：文化创意产业区、旅游观光区、牡丹培育区、生态涵养区。并在各区域内，结合现有资源的实际情况设置以牡丹为主题的旅游项目，拓宽牡丹村村民就业增收途径。

（二）村域产业发展规划

引导传统农业向规模化、专业化、标准化转变，创造良好的政策和法律环境，采取奖励补助等多种办法，经营方式向联户经营、专业大户、家庭农场转变。在大力发展观光型、科普型、体验型农业的同时，引导和扶持村民建设向集中居民点集中，逐步实现“一产二产化”“一产三产化”，农民向“蓝领化”“白领化”转变，最终实现产业发展与美丽乡村建设的有机结合。

第六章　村域旅游规划

（一）旅游开发策略

1. 变“资源”优势为“产业”优势

牡丹村以牡丹花种植闻名，可发展牡丹花标准化生产的新技术试验示范基地、牡丹花优质苗木繁育基地、牡丹花实用技术培训基地、专门的牡丹花欣赏园区等。

2. 产业多元化、衍生化、连锁化

充分挖掘牡丹花的价值，如牡丹花的花瓣、叶、茎、根、果，可以制作牡丹手工艺品、牡丹精油、牡丹籽油、牡丹花茶、丹皮，发展牡丹产业链。

3. 保证农林、促进旅游

牡丹村的旅游业主要依托牡丹发展乡村旅游，严禁盲目地将农林用地转化为旅游设施用地。

4. 公共空间的塑造

利用水资源（大河沟水库）塑造滨水景观区；完善旅游服务区；保留乡村原生态，采用院落式布局。

5. “交通性”+“游览性”的道路网规划

通往景点的机动车道要考虑旅游旺季的通行量及道路两侧的景观塑造；连接村与村、社与社的生活便道可结合自行车主题、步行等方式，打造生态健康游；村（社）内的道路结合游览主题灵活布置。

（二）乡村旅游组织

目前牡丹花海生态旅游区开发比较成熟的三大旅游景点：太平湖牡丹精品园、百灵山牡丹艺术园、恺之峰牡丹文化园分别位于牡丹村东部的五社、四社、三社。而牡丹村西部其他社仍以传统种植业为主，旅游资源缺乏，无项目支撑，经济收入单一。本次规划结合产业布局及规划居民点开展旅游项目，通过对现有道路的等级提升，把西部散落的旅游资源与东部旅游资源串联起来，形成牡丹村内部旅游环线，激发创建内部活力。

1. 项目支撑

建设项目的落实是推动新农村建设的主要动力，只有通过项目的落实才能调动农民群众和社会各界的积极性，农民增收才能得到保障。

因此，本次规划在太平湖牡丹精品园，结合入口即将建设的旅游接待中心和本次太平湖美丽乡村居民点，引入写生创作基地、牡丹摄影馆、牡丹博览馆、牡丹科研基地、美食购物等具有参与性的项目，营造牡丹文化氛围，刺激商业消费。

在旅游观光区，沿景区主干道扩大牡丹种植面积，同时引入芍药等其他花种，延长花期。逐步完善景区配套的标识标牌、休息座椅等设施，结合婚纱摄影项目，在观赏区内布置具有一定特色的景观小品。并在恺之峰新建一处艺术家公社，扩大景点接待功能。

牡丹培育区以“牡丹花优质苗木繁育基地”“牡丹花新技术试验示范基地”“牡丹花实用技术培训基地”等科技培育方向的项目为主。境内规划的梅子坪居民点可承担开展接待等旅游服务功能。

2. 旅游线路

规划将恺之峰至垫邻路间的村道进行硬化，作为全村主要对外交通，西连澄溪镇，东接镇区。结合正在编制的《垫江县牡丹花海旅游区总体规划（2013—2020）》，由302国道串联，形成“太平镇—牡丹村—澄溪镇”大旅游环线。

对应规划项目，在村域内形成“牡丹观光游”“婚纱摄影游”“避暑度假游”“牡丹体验游”“礼佛祈福游”五条旅游线路。观光游与婚纱摄影游集中在牡丹花观赏期（每年4—5月）；避暑度假游以夏季为主；牡丹体验游、礼佛祈福游则四季均可开展。

3. 经营模式创新

太平湖美丽乡村居民点引入“家庭旅馆”概念，兼有居住与接待功能，让农民市民化。

从长远考虑，应从家庭旅馆经营的小环境着手，统一制作标识标牌，对保留建筑进行立面改造统一风格，进行房前屋后的整理和庭院美化。

由政府引导，对户主进行培训讲座，调动积极性，提高户主在餐饮、服务、环境等方面的意识。使家庭旅馆收入成为居民的又一主要经济来源。

第七章　村域集中居民点布局规划

（二）集中居民点规划选址

按照集中居民点至少覆盖全村 50% ~ 57% 户数的要求，本次规划需安置约 2000 人。

若以中型集中居民点 500 人，大型集中居民点 1000 人计，全村至少设置三个集中居民点。

在实际选址过程中，将当地已有居住的具体情况和旅游资源相结合，综合考虑，分别选择交通便利、地形条件较好、有一定供水条件地方进行建设。并根据实际，从可供建设的用地条件出发，结合旅游资源，充分与自然条件结合，依山傍路，不占和少占耕地，结合村民对自然环境的要求，使集中居民点的定点科学合理。

村域集中居民点规划情况一览表

居民点名称	用地面积（公顷）	人口（人）	户数（户）	备注
太平湖美丽乡村示范点	8.56	911	260	其中建设用地 7.29 公顷，按人均建设用地 80 平方米计
黄家湾居民点	3.28	410	117	按人均建设用地 80 平方米计
梅子坪居民点	5.16	645	184	按人均建设用地 80 平方米计
合计	17.00	1966.00	561.00	

本次规划由规划设计单位、规划行政主管部门、垫江县人民政府及村委会共同现场踏勘研究讨论，确定太平湖美丽乡村示范点、梅子坪居民点、黄家湾居民点三处为集中居民点进行建设。

居民点最终规划人口以详细设计为准。

第八章　村域土地利用规划

（二）村域土地利用规划

通过集中居民点的建设可节约大量的农村集体建设用地，以便今后将其复垦为耕地、林地、园地等农林用地。在本规划中，贯彻“十分珍惜和合理利用每寸土地，切实保护耕地”的基本国策，对基本农田进行严格保护和充分利用。预计至 2020 年，居民建设用地面积约 25.87 公顷，流转出的土地可用于牡丹种植，或其他配套设施用地。

其中，至2020年按全村3000人计，规划集中居民点共安置1966人，建设用地共约17公顷，人均建设用地约86.47平方米；散居居民点建设用地约8.87公顷，共约1034人，人均建设用地约85.78平方米。

村域土地利用规划一览表

单位：平方米

行政区域名称	行政区域总面积	居民建设用地		区域交通用地		耕地		林地		水域及水利设施用地		其他土地	
		现状	规划	现状	规划	现状	规划	现状	规划	现状	规划	现状	规划
牡丹村	670.63	41.82	25.87	10.9	20.05	311.11	338.14	236.72	265.02	14.79	16.05	54.02	2.63
牡丹村一社	200.01	12.68	0.84	3.89	5.26	84.92	101.63	81.62	90.98	0.21	0.33	16.69	0.97
牡丹村二社	122.19	3.88	0.80	0.53	3.17	56.01	58.81	50.86	58.7	0.12	0.19	10.79	0.52
牡丹村三社	128.17	4.58	9.48	2.09	4.23	65.89	65.89	43.6	47.59	0.27	0.35	11.74	0.63
牡丹村四社	63.09	6.91	3.50	2.31	3.64	37.25	37.86	11.79	16.86	0.46	1.23	4.37	0
牡丹村五社	40.43	6.95	10.32	0.74	1.97	24.97	24.97	3.02	3.42	0.84	1.02	3.91	0
牡丹村六社	58.32	6.82	0.93	0.61	1.05	42.07	48.98	1.73	6.24	0.57	0.61	6.52	0.51
牡丹村林场	44.63	0	0	0.43	0.43	0	0	44.1	44.1	0.1	0.1	0	0
太平湖	12.52	0	0	0.3	0.3	0	0	0	0	12.22	12.22	0	0
水泥厂采石场	1.27	0	0	0	0	0	0	0	0	0	0	1.27	0
土地流转		−15.95		9.15		28.63		28.3		1.26		−51.39	

第九章　村域交通规划

（三）村域道路交通规划

村域道路的分级参考《重庆市村规划技术导则（2009年试行）》，分为主村道、次村道、人行道三个等级。

村内现状主要有两条乡道：一条为太楠路（008乡道），贯通四、五、六社，为景区主干道，路面宽度约6.5米；一条为垫邻路，东西向贯穿一社，与镇区相连。村道路网基本形成。

1. 公路

规划新建国道350，与国道302相连。道路红线8.5米。

2. 主村道

规划将联系太楠路与垫邻路间的村道进行路面拓宽，形成村域内连贯的主村道。道路红线7米。

3. 次村道

规划对原道路质量差的村道作为次村道，路面宽为 4.5 米的水泥公路和碎石公路。

次村道在有条件时采用水泥砼路面或沥青路面，条件不成熟时采用碎石路面过度，待以后条件成熟时升级为高等级路面。应注意建设好排水设施，防止雨水对道路的损毁。

4. 人行道

规划人行道为水泥路面，兼具机耕道使用。宽度为 0.6 ～ 1.5 米。

5. 招呼站

在梅子坪居民点设置一处招呼站。

6. 建筑红线要求

村级道路两侧建筑红线后退距离不宜小于 5 米。

规划道路一览表

路线名称	路基宽度（米）	路面等级	里程（千米）	备注
国道 350	8.5	二级公路	—	新建
恺之峰—槽房湾	7	沥青	2.33	新建
牡丹新村—新房子	4.5	水泥	0.34	新建
周家湾—包家	4.5	水泥	3.1	新建
伍家梁子—脑水坝	4.5	水泥	3.45	新建
牡丹大道—陈家湾	4.5	碎石	0.47	改建

第十章　村域基础设施规划

（一）生活供水

1. 需水量预测

集中居民点综合用水量按 150 升 / 人 · 日计算，散居居民综合用水量按 100 升 / 人 · 日计算，未预见水量按以上用水总量的 10% 估算，则牡丹村最高日总用水需求量为 454 立方米，日变化系数取 1.5，牡丹村平均日用水量为 303 立方米；其中集中居民点最高日供水需求量约为 370 立方米，平均日用水量为 247 立方米。

2. 规划

①供水方式

村民生活用水采用集中与分散供水相结合的方式，切实解决好村民生活用水困难。集中居民点和靠近集中供水系统的村民由集中供水系统供水，应积极鼓励散居的村民搬迁至集中居民点，距集中供水系统较远村民则仍使用地下水和山泉水为生活用水水源。

②集中供水系统

村域主要由太平镇水厂集中供水。村内集中供水管网采用树枝式，在村域高地设置1座生活用水调储水池，规模为100立方米。

③水源保护

水源保护按照《重庆市饮用水源污染防治办法》执行。

（二）污水处理

1. 污水量预测

污水量按用水量的85%预测，则牡丹村平均日生活污水总量约为258立方米/日，其中集中居民点生活污水量约为210立方米/日。

2. 规划

生活污水处理宜采用集中与分散相结合的方式。规划集中居民点设置污水处理站，村域共设3座污水处理站，分别位于大河沟水库、黄家湾、梅子坪，规模分别为70立方米/日、55立方米/日、140立方米/日。

生活污水处理宜采用操作简单、运行维护方便、经济可行的生物处理工艺。污水处理设施的位置应选在集中居民点的下游，靠近受纳水体或农田灌溉区。有条件的集中居民点可充分利用自然湿地的净化功能，采用湿地处理系统。

村内企业生产废水必须自行处理、达标排放。

（三）供电

1. 负荷预测

村民用电负荷按4.0千瓦/户预测，未预见用电负荷按以上的10%预测；各类负荷间同时率取0.65；则牡丹村总用电负荷约为2570千瓦。

2. 规划

牡丹村由太平镇35千伏变电站供电，10千伏及以下配电网采用树枝式结构，新建线路采用架空敷设。集中居民点等用电负荷较大的地区设置10千伏变压器。

保留村域现状110kV、35kV高压走廊。电力架空线走廊安全防护距离（距边导线）：110kV——15米，35kV——10米，10kV——5米。

（四）广播、电视、通信

1. 固话需求量预测

居住按 1.0 门 / 户预测，并考虑少量办公固话，则牡丹村固话需求量约为 600 门。

2. 规划

大力发展各种先进通信业务，促进农村信息化建设，加快实施宽带网入户工程，逐步实现广播、有线电视、宽带等多网合一。通信交换节点（或基站）除为广大用户提供普通语音通话转接交换外，还应作为其他各种通信的节点，提供数据交换等其他服务。

在牡丹村靠近村委会设置 1 个通信接入网点，负责本村的固话通信业务，交换设备容量按 600 门考虑。

在村公共活动中心内附设村广播站，负责对村民广播。村内通信线路采用架空敷设，广播、有线电视、固话、宽带等通信线路随着村集中居民点的建设，应逐步实现同杆架设，在新建集中居民点内可考虑统一下地敷设。

（五）燃气规划

按太平镇总体规划及相关规范，今后全村居民点基本达到供气，结合牡丹村实际情况，确定规划区用气综合指标如下：居民生活用气：0.3 立方米 / 日・人，到规划末期天然气总使用量为 900 立方米 / 日。村域气源由太平镇接入。

村域配气主管结合道路布局形成树枝状管网，民用气部分设楼栋箱式调压器调压入户，旅游服务建筑用气由各个单位自身工艺要求自行安排。

同时地下燃气管线与建筑的外墙线距离不少于 1.0 米，与自来水给水管距离不少于 0.5 米，与污水、雨水排水管距离不少于 1.2 米，与电力、电信线距离不少于 0.5 米，埋深不低于 0.7 米。

保留村域现状输气管道，并予以保护。天然气管道必须按《石油天然气管道保护法》严格执行。

第十一章　村域生态环境保护

（一）村域生态环境保护

1. 总体保护措施

（1）制定各种严格的环境保护规章制度，完善规章制度并规范经营者的行为。

（2）加强领导、统一管理村内的建筑、环卫、服务、游人及植物病虫害防治等工作。

（3）建立责任制对村域内经营开发要以责任书的形式明确责任，严格按规划、目标要求实施即可，建立必要的激励、奖励以及处罚措施。

（4）对村域内的自然资源实行有偿开发使用，充分体现“谁开发谁保护、谁利用谁补偿、谁破坏谁恢复”的公开原则，并建立开发、占用基金。

（5）严格控制污染型企业建设，发展无污染或少污染项目，推进清洁生产。

（6）严格村域内建设项目管理。对于规划区内一切建设项目，应严格服从总体规划，认真执行国家有关建设项目的环境管理制度。

2. 水资源保护措施

（1）保护村域内林木、灌丛、草本植被，以提高土壤保水能力，减少水土流失。

（2）在规划区内依照高程，合理规划污水收集管线，任何生产，生活污水应严格统一组织处理排放，设立统一的生活污水集收站，集中处理污水。

（3）在规划期内的所有地面水均应保持国家地面水三类水域标准。

3. 大气环境保护措施

（1）加强绿化、美化工作，增加绿地覆盖率。

（2）加强各区域之间及道路的绿化工作和养护工作，定期洒水，减少扬尘等颗粒物大气污染。

（3）综合防治大气污染。调整能源结构，积极发展清洁能源，严格控制秸秆直接燃烧，大力发展沼气池。严格控制餐饮业油烟污染。

（4）合理布局过境交通，对进入规划区的汽车数量进行总体控制。

（5）达到国家《环境空气质量标准》（GB3095－2012）的二级标准要求。

4. 生物资源保护措施

加强现有林业资源的保护，搞好水土保持，大力植树种草，切实加强对农业自然环境的保护。美化规划区环境，丰富旅游生活。

（二）村域环卫设施规划

加强村庄环卫设施建设，根据镇村布局规划要求，以集中居民点为主配置相应的垃圾桶、垃圾箱及垃圾收集站。全面开展整治村庄环境的脏、乱、差活动，实行垃圾袋装化管理，配备专职人员收集垃圾，经小型垃圾收集站送至县域垃圾处理场进行集中处理。在规划居民点各配建一处建筑面积不小于 30 平方米的公厕。

第十四章　近期建设规划

近期建设规划是落实乡域总体规划和指导美丽乡村建设规划的重要步骤，是安排近期建设项目的重要依据。

近期建设项目一览表

<table>
<tr><th>项目名称</th><th>建设内容</th><th>建设类型</th><th>建设时间</th><th>数量</th><th>备注</th></tr>
<tr><td>居住</td><td>美丽乡村居民点</td><td>新建</td><td>2013—2014</td><td>—</td><td></td></tr>
<tr><td rowspan="6">公共设施</td><td>村委会</td><td>新建</td><td rowspan="6">2013—2014</td><td>1</td><td rowspan="6">与美丽乡村居民点结合建设</td></tr>
<tr><td>文化活动室</td><td>新建</td><td>1</td></tr>
<tr><td>卫生室</td><td>新建</td><td>1</td></tr>
<tr><td>邮政储蓄代办点</td><td>新建</td><td>1</td></tr>
<tr><td>健身广场</td><td>新建</td><td>1</td></tr>
<tr><td>便民商业</td><td>新建</td><td>—</td></tr>
<tr><td rowspan="2">基础设施</td><td>恺之峰蓄水池</td><td>新建</td><td>2014—2015</td><td>1 座</td><td></td></tr>
<tr><td>美丽乡村污水处理站</td><td>新建</td><td>2013—2015</td><td>1 座</td><td></td></tr>
<tr><td rowspan="3">道路设施</td><td>国道 350</td><td>新建</td><td>2013—2014</td><td>—</td><td></td></tr>
<tr><td>恺之峰—槽房湾 7 米宽道路</td><td>新建</td><td>2013—2014</td><td>2.33 千米</td><td></td></tr>
<tr><td>文化馆停车场</td><td>改建</td><td>2013—2014</td><td>1</td><td></td></tr>
<tr><td rowspan="3">其他</td><td>垃圾收集点</td><td>新建</td><td rowspan="3">2014—2015</td><td>1</td><td>位于牡丹新村居民点</td></tr>
<tr><td>公厕</td><td>新建</td><td>2</td><td>位于牡丹新村居民点；建筑面积 30 平方米左右</td></tr>
<tr><td>垃圾桶</td><td>新建</td><td>—</td><td>每户配置一个垃圾桶，由农户自行将生活垃圾分类</td></tr>
</table>

（一）近期建设指导思想

（1）从长远利益出发，合理安排建设时序，协调近期、远期发展的关系，树立规划的全局观念和长远观念；

（2）提高旅游景区品质；

（3）加强基础设施建设，提高村域旅游服务配套，改善居住条件。

（二）建设期限及建设目标

（1）近期建设规划期限为 2013—2015 年。

（2）近期建设目标：整合资源，完善基础设施，突出旅游，塑造形象。

（三）近期建设内容

（1）基础设施：结合景区发展需求，规划布局基础设施，完善电力、电信、燃气、自来水等基础设施，为牡丹村建设发展创造前提条件。

（2）道路建设：构建道路网络系统，提高道路质量。为弥补旅游旺季交通堵塞的状况，近期完成恺之峰至槽房湾处的环山公路。近期恢复牡丹文化馆南侧停车场。

（3）居住用地：位于大水沟水库的美丽乡村居民点是近期建设重点内容。

（4）公共设施：结合居民点建设，完善牡丹村必要的公共设施建设，例如村委会、文化活动室、卫生室、邮政储蓄代办点等。

（5）在牡丹新村居民点修建公共厕所，并在景区道路沿线设垃圾桶、路灯等。

◉ 主要参考文献

垫江县医药志编纂委员会编 :《垫江县医药志》，1990 年。

四川省垫江县志编纂委员会编 :《垫江县志》，四川人民出版社，1993 年。

温新月、李保光主编 :《国花大典》，齐鲁书社，1996 年。

华夏牡丹花海编辑委员会编 :《华夏牡丹花海》，2002 年。

牡丹故乡风情 · 诗文集编委会编 :《牡丹故乡风情 · 诗文集》，2004 年。

垫江县牡丹志编纂委员会编 :《垫江县牡丹志》，2009 年。

黎美剑、卢卫平、邬建乔编 :《国色垫江》，华夏出版社，2009 年。

垫江县文化广电新闻出版局编 :《记忆垫江》，四川科学技术出版社，2013 年。

垫江县地方志编纂委员会编 :《垫江县志》，西南师范大学出版社，2014 年。

垫江县人民政府编 :《垫江年鉴》，2001—2017 年。

◉ 编纂始末

2017 年 2 月，垫江县档案局根据中国地方志指导小组办公室《关于印发中国名村志文化工程实施方案的通知》精神，申报《牡丹村志》编纂项目。3 月，《牡丹村志》被重庆市地方志办公室推荐进入中国名村志文化丛书编修名录。县人民政府成立牡丹村志编纂委员会，编辑部设在县档案局。4 月，县档案局设置出《中国名村志丛书·牡丹村志》篇目框架。7 月，篇目通过重庆市地方志办公室、中国地方志指导小组办公室审核。

在《中国名村志丛书·牡丹村志》编纂过程中，编者一方面深入牡丹村走访农户，调查景点，踏勘古迹，征集史料，全面收集第一手资料，做到对村里的情况了然于心。一方面广泛收集地情资料，翻阅大量档案文献和书报史料。编者本着溯本求源、求实存真的原则，对采用的史料逐一查证，去粗取精，去伪存真，力求客观翔实地展现牡丹村的历史和现状。

2018 年 10 月，在重庆市地方志办公室领导和区县指导处专家指导下，历时年余，数易其稿，形成约 15 万字初稿。2018 年 11 月，志稿经县内相关部门和专家评审修改后，报送重庆市地方志办公室审核。2019 年 4 月，将志稿报送中国地方志指导小组办公室。2019 年 5 月下旬，根据中国地方志指导小组办公室专家意见，对志稿修改完善。2019 年 7 月，根据中国名村志丛书审查验收评审意见，再次对志稿进行修改。

在编纂过程中得到了各级领导、专家的指导帮助，在此一并致以最诚挚的谢意。限于编者水平，错讹、疏漏在所难免，敬请读者、方家批评指正。

因本书所选照片及诗词、文章众多，部分作品未能在出版前及时联系到著作权人，请著作权人看到后与我们联系。

编　者

2019 年 10 月